니체의
눈으로
보라

니체의 눈으로 보라

글로 읽고 사진으로 생각하는 현대인의 삶

이광수 사진 인문학 에세이

알렙

들어가는 글

왜 니체와 사진인가?

—

내가 조만간 인류에게 역사상 가장 어려운 요구를 해야
만 한다는 생각이 들기에 내가 누구인지 밝혀두는 것이
반드시 필요한 것 같다. (⋯⋯) 내 습관이 거부하고 내 본
능의 긍지는 더욱 거세게 저항을 해대지만, 말하자면 다
음처럼 말할 의무가 있다: '내 말을 들으시오! 나는 이
러이러한 사람이기 때문이오. 무엇보다도 나를 혼동하
지 마시오! (⋯⋯) 우상('이상'을 표현하는 내 단어)의 파
괴——이것은 이미 내 작업의 일부이다. 이상적 세계가 날
조되었던 바로 그 정도만큼, 실재의 가치와 의미와 진실

성은 사라져 버렸다…… '참된 세계'와 '가상 세계'—사실대로 말하자면: 날조된 세계와 실재…… 이상이라는 거짓말은 이제껏 실재에 대한 저주였고, 이 거짓에 의해 인류의 가장 심층적인 본능마저도 부정직해지고 그릇되어 버려—인류는 그들의 성장과 미래와 미래에 대한 고도의 권리를 보장해 줄 수 있는 가치와는 정반대되는 가치를 숭배하기에 이르렀다.

—『이 사람을 보라』 서문

니체를 오랫동안 마음에 품고 살아왔다. 그 덕에 좌충우돌하면서 때로는 진지하지만 간혹 그것이 지나쳐 모질기까지 하게 살아보기도 했고, 때로는 광대처럼 돈키호테처럼 뛰면서 살아보기도 했다. 어찌 됐든, 나는 비교적 평탄한 대학교수로서 안정되고 자유로운 삶을 살아왔지만, 그래도 내 나름대로는 그 안에서 비주류로서 힘들게 산 부분이 없지 않았으니, 가끔 비참할 때도 있었다. 그럴 때는 니체를 한 번씩 읽는 습관이 있었다. 그의 책은 설명하지도, 분석하지도, 논증하지도 않는다. 앞뒤가 논리적으로 꼼꼼하게 연결되지도 않는다. 아무렇게나, 아무 부분이나 꺼내 맘대로 읽고 소화할 수 있어서 좋다. 그 덕분에 읽고 사고하는 습관을 오랫동안 띄엄띄엄하는 방식으로 해온 듯하다. 그것은 나를 위한 일종의 기우제인 셈이다. 그것이 제아무리 뛰어나고 탁월하다 할지라도 나는, 누군가의 언명을 그대로 따르지 않는다. 니체가 말하는 우상을 만들어 숭배하지 않는다. 내가 해석할 수 있을 때까지 계속 그와 다른 해석을 시도하는 것이다. 그러면 결국 비가 오듯, 내 상황에 맞는 해석이 나오게 되어 있다. 니체가 말하는 바에 따라 내가 마음대로 읽고 자유롭게 해석할 수 있게 되는 것, 그것이 내가 니체를 읽는 이유다. 결국, 해석이라는 이름을 빌린 합리화일 수도 있다. 그 합리화가 난관에 부닥쳐 처참함에 이를 때 피곤해하는 내게 힘을 넣어주기 딱 좋은 것이라면 그보다 더 좋은 것은 없다.

─

　이 책을 집필하려 마음먹은 다음날, 영화를 봤다. 「토리노의 말」. 오밀조밀한 서사가 있는 것도 아니고, 화면이 눈요기를 주는 것도 아니고, 단순한 장면 몇 개 이어놓은 것일 뿐인데, 참으로 눈을 뗄 수 없다. 두 시간 동안 지적 노동을 화끈하게 경험했다. 하나는 니체가 그 안에 있고, 또 하나는 '해석'이 그 안에 있어서다.

　영화 「토리노의 말」은 니체가 토리노에서 실제로 겪은 어떤 말에 대한 일화를 모티프로 삼아 만든 영화다. 니체는 1889년

1월 3일 이탈리아 토리노에서 어떤 마부가 자기 말을 듣지 않은 말에게 심한 채찍질을 하는 것을 목격했다. 니체는 갑자기 마차로 뛰어들더니, 팔로 말의 목을 감싸안고 흐느꼈다. 누가 봐도 미친 사람이었다. 사람들이 그를 떼어내 집으로 데려왔고, 니체는 침대에 이틀 동안 누워 있었다. 그리고 이렇게 말했다. "어머니, 전 바보였어요." 니체가 공시(公示)된 실제적 사건은 여기까지다. 그리고 10년 동안, 니체는 정신이 나간 상태로 가만히 침대에만 누워 있었다고 한다. 그의 모든 저작은 이 사건 이전에 쓰인 것이다. 비교적 잘 알려진 저작물 가운데 『비극의 탄생』은 초기 1872년에, 『차라투스트라는 이렇게 말했다』는 1883-1885년에, 『이 사람을 보라』는 말기인 1888-1889년에 저술했다. 그 후 10년 동안 아무 저작 활동을 하지 않더니 이내 세상과 하직한다. 이 영화는 그 10년 독거로의 철수가 일어나기 직전의 한 사건을 모티프로 삼아 감독이 철저하게 자기 식으로 해석하여 만든 영화다. '해석하라'는 니체의 최대 언명이니, 니체에 대한 최고의 오마주다.

토리노 일화 속의 말은 젊은 니체가 상정한 실존 인간일 것이다. 인간은 진보로, 이념으로 세상을 넘어서려 하지만 결국 마차에 묶인 말처럼 고통을 피하지 못한다. 아무리 넘어서려고 노력해도 인간은 신이 될 수도 없고, 세상의 구원자가 될 수도 없다. 다만, 할 수 있는 것은 마부의 채찍에도 꿋꿋이 채찍질을 당하면서 버텨야 하는 것뿐이다. 그것이 노예 관계를 거부하는 자유정신이다. 니체가 실제로 말을 부둥켜안고 통곡을 한 것은 채찍질에 고통을 겪는 말에 자신의 자유정신으로 체화된 실존 인간이 투영되었기 때문일 것이다. 그런데 영화 속에서 이번에는 마부가 엄청난 고통을 겪는다. 아무 이유 없이 집시들의 저주를 받아 우물이 마르고, 유일한 생존 수단인 말은 식음을 전폐하면서 결국 죽어 버리고, 다른 곳으로 이주를 시도해 보지만 아무 데도 갈 데가 없어 다시 이 황량한 곳으로 돌아온다. 왜 그에게 이렇게 고통스럽고 이해하기 어려운 일들이 벌어지는가에 대한 설명은 없다. 그는 그 설명과 논리적 이해를 요구하지 않는다. 그저 묵묵히 다가오는 고통을 겪으면서 앞으로 갈 뿐이다. 영화는 그것을 보여준다.

나는, 이렇게 해석한다. 위버멘쉬(Übermensch)는——흔히 '초인'이라 부르지만 그것과는 다르다. '극복하는 자'로 보는 해석이 더 타당하게 보인다——붓다의 니르바나(Nirvana)와 같이 보통의 인간이라면 이룰 수 없는 상태다. 어떻게 보면 니체가 비판한 '관념'이라는 것의 절정이라고도 할 수 있다. 이러한 강한 개념은 젊은 시절 니체의 산물이다. 니체는 병들고 죽어 일종의 요절을 하느라, 늙어감이라는 자연의 변화를 알지 못했다. 니체의 저작은 모두 혈기 왕성한 시절에 나온 것들이다. 늙은 후에는 당연히 그 생각이 적어도 일부만이라도 변하거나 흔들렸을 수 있다. 그것은 니체 스스로 말한 주체의 변화를 대입해 보면 자연스럽게 짐작할 수 있다. 그런데 니체는 이런 경험을 제대로 하지 못했다. 자기 스스로 자신이 간파한 상대성을 인정할 기회를 갖지 못했다. 늙기 전에 정신이 나가 버렸고, 이내 죽었기 때문이다. 같은 관점에서 볼 때 기독교 또한 마찬가지다. 젊은 예수의 행동이나 바울의 사상은 한때의 세계관이다. 그 세계관은 변할 수밖에 없고 실제 크게 변했다. 그럼에도 사람들은 그 변화를 인정하지 않고 초기 역사에서 만들어진 그때 그 세계관을 근본으로 삼고 산다. 역사성을 거부하고 근본성을 숭배하는 것이다. 전형적인 종교의 모습이다. 변화된 것을 거부하거나 변화된 것이 드러나지 않은 상태에서 한때의 세계관이 근본이 되는 것은 매우 위험한 것이다. 이것은 니체가 간파한 반(反)종교, 반(反)도덕의 입장의 기반이다.

결국 종교든 도덕이든 관습이든 해석이어야 한다. 기독교도 그렇고 니체 철학도 마찬가지로 내가 어떻게 받아들이느냐의 문제가 되어야 하는 것이다. 니체가 좀 더 오래 살았더라면, 나는, 그 위버멘쉬에 대한 좀 더 현실적인 해석의 여지가 만들어졌으리라 본다. 그게 니체 철학의 완성이 될 수 있었을 것이다. 그런데 아쉽게도 우리는 그것을 니체로부터 받지 못했다. 그러니 어쩔 수 없이 내 스스로 해석하는 수밖에 없다. 그래서 이 책은 니체의 텍스트에 대한 내 해석이다.

———

영화를 보고 한동안 그 안에서 헤어나지 못했다. 저 특별할 것 없는 이미지의 연속, 다 알고 있는 이야기, 별 다를 바 없는 해석, 그럼에도 무엇이 이토록 나를 그에게 열병처럼 붙들려 있게 하는가? 니체에게서 개념은 이미지다. 감각이다. 그리고 텍스트가 아닌 해석이다. 영화를 보고 난 뒤 꼭 저런 영화를 찍고 싶어졌다. 저 영화보다 더 해석을 자유롭게 허용하는 그런 영화를 찍고 싶었다. 빈 종이에 그려 보니 대충 어떻게 하면 될지 감이 잡힌다. 그러면서 피식 웃고 말았다. 영화는커녕 동영상도 찍을 줄 몰라 강의 영상 하나 제대로 찍지 못하고, 죽을 둥 살 둥 난리를 치곤 하는데…… 돌이켜보니 아무 가능성 없는 그저 즐거운 몽상이었다. 그 순간 어떤 생각이 휙 지나갔다. 그래, 영화만 이미지가 아니지, 사진도 이미지이지 않은가, 하는 생각이 스쳤다. 그러면서 바로 사진과 글로 구성하는 '나의 니체처럼 보기'가 구상되었다. 니체가 설파한 세계관을 여러 주제로 나눠, 그의 뜻도 살피고, 나의 해석도 보태고 그것을 아무 말도 하지 않는 두 장의 사진으로 보여주는 구상이다.

두 장의 사진은 해석의 바다로 삼고자 한다. 사진에 제목도 없고, 주제도 없고, 그에 따른 글도 없고 그 어떠한 맥락도 없다. 그저 사진가인 내가 니체의 글과 동일한 맥락으로 사진을 두 장으로 보여주고 싶어서 보이는 것일 뿐이다. 때로는 비슷한 기표로 읽히는 두 장일 수도 있고 때로는 전혀 다른 기표의 두 장일 수도 있다. 읽는 이에 따라서는 기표를 넘어 2차 기의, 3차 기의까지 갈 수도 있다. 더 심한 경우에는 두 장의 형식으로─이걸 딥틱(dyptich)이라 부른다─상호 느낌과 에너지를 주고받는 것까지 합치면 그 해석과 느낌의 경계는 가히 막힘이 없을 것이다. 이걸 보여주고 싶다. 자유로운 해석과 느낌의 바다 말이다. 그런데 이것은 일정한 수준 이상의 사진 읽기 공부를 한 독자나 사진가들에게 적절한 수준이다. 그 외 보통의 독자들에게 이러한 방식의 두 장의 사진 읽기는 너무 가혹할 수 있다. 그래서 내가 지은 3행으로 된 아포리즘을 덧붙인다. 그에 매이지 않고 그로부터 벗어나 독자적인 해석을 하기를 바라지만, 그것은 순전히 나의 욕심일지도 모른다.

─

　모든 논리, 그것도 너무나 자명한 것으로 보이는 논리는 그 배후에 여러 가치 판단들이 존재한다. 논리는 다양하고 복합적인 현실을 극도로 단순화하며, 그럼으로써 현실을 일목요연하게 만든다. 이러한 단순화는 사실 허구다. 그것은 체험과 경험에 있어서 모든 개체적 조건을 벗어나 보편타당한 것으로 받아들여지는 것이 보통이다. 논리를 의사소통이라는 목적을 위해 오로지 피상적인 것으로만 사용하는 한, 그 논리라는 것은 명명백백하게 지시할 수 있는 기술일 뿐이다. 그런데 지시 밖의 어느 공간에 있는 소통과 공감을 가져오는 게 될 수는 없다. 우리가 사는 삶이 과학만 필요한 것이 아니고 예술도 필요한 것은 바로 이 때문이다. 그 예술은 잠시 어느 한때는 일반화로 갈 수 있겠지만, 작가나 비평가의 '표준' 해석에서 벗어난 또 다른 해석이 치고 들어오면 그 자리에서 금세 새로운 영역이 일어나고 그것이 두어 번 일렁이면 또 다른 경계를 훌쩍 더 넓히곤 한다. 그래서 니체의 철학에는 예술이 꼭 붙었으면 한다는 생각을 오랫동안 해 왔다. 이를 실현하기 위해 내가 지난 10년 넘게 부산의 곳곳에서 찍은 사진을 가져왔다. 철학과 예술의 만남이다.

사진은 기본적으로 대상을 재현하는 것이다. 그래서 애초에 지시성이 있고, 프레임으로 대상을 끊어 재현하기 때문에 그 어떤 경우라도 은닉성과 그로부터 모호한 성격이 발생한다. 그래서 이 책에서 두 장의 사진을 가지고 글이 갖는 지시성과 논리로 인해 발생하는 보편화를 벗어나 해석의 다양성을 열어보고자 한다. 전혀 서로 다른 맥락에서 찍은 두 장의 사진을 아무 논리적 귀결

없이 보여주는 것이다. 하나의 텍스트와 두 개의 이미지가 함께 어우러지면서 창조해 내는 해석의 새로운 여지를 만드는 전혀 새로운 하나의 창의적 예술이다. 니체를 읽고 나만의 독해를 하면서 생략되고 감추어진 혹은 방치된 조각들을 두 장의 사진과 함께 살피는 것, 이것이 작가로서 하고 싶은 작업이다.

——

아이러니하게도, 니체를 아는 사람들은 대개 그가 말하는 아포리즘 같은 것으로 자기 성을 쌓고 싶어한다. 어떤 해석과 느낌의 세계를 닫지 않고 자유로이 토로할 수 있는 형식은 아무래도 아포리즘이 제격이다. 아포리즘은 논증이 아니므로 뭔가에 호소할 필요도 없고, 제청하고 박수치거나 손사래를 칠 필요가 없다. 아포리즘은 감각적이다. 니체의 섬광들은 우리의 이성과 감각의 뿌리를 뒤흔든다. 아포리즘이라 더욱 그렇다. 사진이야말로 아포리즘이다. 사진으로 니체를 말하는 또 하나의 이유다.

나는 인도 종교의 역사를 연구하는 대학교수이지만 사진비평가이기도 하다. 그 비평의 매개는 주로 글이다. 그때마다 글을 어떻게 쓸 것이냐의 형식 문제에 부딪힌다. 단순히 산문으로 쓸 것이냐, 아포리즘 비슷하게 쓸 것이냐의 문제도 있지만, 담론으로 무겁게 갈 것이냐 페이스북 포스팅 하듯이 가볍게 갈 것이냐는 문제를 염두에 둔다. 그 재현의 정도를 결정할 때 글도 그렇지만 사진도 마찬가지다. 자신이 하고 싶은 말을 할 수 있는 것이 우선이다. 해석의 여지가 발생하는 글과 사진이어야 작가가 원하는 메시지와 느낌이 제대로 전달되는 것이다. 영어로 말하면 터치(touch)이다. 똑같은 스타일의 글, 말, 사진은 보편적이고 획일적이어서 무난하지만, 그런 식의 작업은 하지 않는다. 무난하고 원만하게 전달하는 방식은 죽은 방식이라 보기 때문이다. 이 책의 생명력은 나는 나대로 글과 사진을 통해 니체를 읽고 해석했지만, 독자는 독자대로 내 글과 사진을 읽고 해석하는 것에 있을 것이다. 니체가 말하고자 하는 것이 바로 이것이고 내가 말하는 것도 바로 이것이다. 인문학과 예술은 지식과 삶을 이어주는 것이라고 생각해서다.

2021년 9월

이광수

목차

니체의 눈으로 보라

1. 일원(一元)

현실적인 물(物)이 인간의 행복에 보다 많이 기여했는
가? 그렇지 않으면 상상된 물(物)이 인간의 행복에 보다
많이 기여했는가? 분명한 것은, 최고의 행복과 최저의 불
행 사이의 공간의 넓이는 상상된 물의 도움을 빌어서야
비로소 만들어졌다고 하는 점이다. 따라서 이런 종류의
공간감정은 학문의 영향을 받아 점점 작아진다. 바로 우
리가 지구를 작다고 느끼고, 그뿐 아니라 태양계를 점으
로 느끼는 것을 학문으로부터 배워 왔으며, 또한 지금도
역시 배우고 있는 대로이다.

——『서광』, 7

내가 자주 쓰는 레토릭 가운데 하나가 '인간은 악이다'라는
말이다. 이 말은 인간의 모든 본성이 악이라는 게 아니고, 인간의
여러 본성 가운데 악의 자질이 매우 강하다는 것을 강조하는 것
이다. 그 가운데 가장 중요한 것은 인간들이 세계의 여러 다양한
특질들을 둘로 나누어 판단하는 이분법이다. 그 이분의 원리 가

운데 가장 대표적인 게 종교다. 도덕 또한 일종의 종교이니 도덕도 마찬가지다. 그 종교의 이분법에 사로잡혀 다수의 사람들은 무기력하게 당하고, 소수의 사람들은 그들을 열정적으로 착취하는 시스템이 돌아간다. 수천 년 동안 모양만 바뀌었을 뿐 내용은 변함없이 그대로 간다. 나는 속이고 착취하는 자들보다 속고 빼앗기는 자가 더 악의 근원에 가깝다고 본다. 물론 그것은 닭이 먼저냐 계란이 먼저냐의 문제이기도 하지만, 굳이 존재론적으로 볼 때 그 속임을 당하는 것은 노력 없이 부당하게 득을 보려는 즉 남을 속이려는 욕심이 있기 때문에 그런 속임을 당하는 것이라고 보기 때문에 그렇다. 그래서 사실, 속임이 속음이고 속음이 속임이다.

이런 일원론을 니체로부터 본다. 니체는 이러한 일원의 세계를 긍정한다. 존재가 생성이고, 생성이 존재이기 때문이다. 그것은 그가 보는 시간은 순환하기 때문에 시간이 없음이 곧 시간이 영원한 것이고, 시간이 영원한 것이 바로 여기 지금의 내 앞에 선 현실이기 때문이다. 이러한 사유는 최종적 고정이라는 것이 없는, 변화하는 삶의 각 사건들 속에서 그때그때의 다양한 방식으로 이해하는 것으로 연결된다. 그 일원의 세계 안에서 악이라는 것은 피할 수 없다. 그것이 우리가 대해야 하는 현실이자 실체이고 우리의 운명이다.

천국이라는 게 어찌 따로 있겠는가? 그건 누군가 속이려 하는 자들이 만든 관념일 뿐이다. 그러니 천국을 사모하여 모든 것을 다 포기하고 사는 것은 어리석다. 현실을 사랑하는 것이 곧 천국을 지금 여기로 당기는 것이다. 그렇지 않고 자꾸 손닿지 않는 관념의 세계를 추구하도록 하는 자가 바로 악이다. 그 현실을 미워하고 없는 천국과 진리를 그리워하는 종교가 흥성한 세상, 그것이 인류 문화가 흥성한 것인가? 종교가 흥성하여 문화가 꽃피고, 보편적 복지가 발달하고, 더 많은 노동을 함으로써 물질적으로 더 잘사는 세상이 되는 것을 긍정한다면, 당신은 아편에 중독된 것이다. 그 아편은 세계를 둘로 나눠 그 안에서 인간을 뒤로 팽개치고, 미움과 갈등과 차별과 지배를 앞세우는 것이다. 사람을 사람으로 존재하지 못하도록 이간질하는 것이다.

—

어떻게 여성과 남성이 갈등의 관계이고, 낮과 밤이 적대적이란 말인가? 한 알의 밀알이 떨어져 죽어야 생명이 태어나지 않던가? 이보다 더한 우주의 이치가 있을까? 생명과 죽음은 대립하지 않는다. 둘은 하나이니 생명은 죽음을 포함하고 죽음은 생명을 낳는다. 이 변화는 특정한 어떤 존재의 뜻이나 의도에 따른 어떠한 목적이 없다. 그래서 우와 열도 없고, 잘잘못이 있을 수 없다. 다만 하나의 무구한 흐름일 뿐이다. 그것이 세계고 그것이 자연으로 수렴되는 일원론의 이치이다.

인간이란 어떤 존재이던가? 지금까지 몇십 년을 살아보고 묻는 것이다. 여자만 구미호 백여우고 남자는 그렇지 않던가? 내 안에 또 다른 내가 있다는 어떤 유행가 가사에 절절히 격하게 동의하지 않았던가? 살아보고 겪어보니 적어도 내가 보기에 인간은 참으로 여러 껍질에 싸여 있더라. 아무리 벗기고 또 벗겨도 이것이 바로 '나'라는 참 존재라고 말할 수 있는 부분은 결단코 없다. 그러니 자기 자신을 파헤치기 위해, 벗겨내기 위해 직선 코스 절벽을 타고 그 심연으로 내려가는 것은 참으로 어리석고 위험한 일이다. 그런 일을 감행하면, '나'를 찾았든 못 찾았든 '나'에게 심한 상처를 주고 결국 그로부터 회복 불가능한 단계로 빠지게 된다. 직선적으로 또는 단도직입적으로 '나'든 '너'든 규정하는 것을 하면 안 된다. 니체는 '자아'란 우리의 체험에 덧붙여진 하나의 '주석'이며 우리 '자신'이라는 분명한 철자에 대한 오독이라고 했다. 이는 다양하고 이질적인 것이 섞여 있는 '자아'를 누군가의 개념에 혹은 그 여럿 중의 하나에 불과한 어느 '나'에 의해 억지로 찾아 가상 존재로 명명이 된 것에 지나지 않는다.

모든 것은 다 엉켜 있고, 돈다. 분간하려 하지 마라.
세계는 회색이다. 밤도 아니고 낮도 아닌 새벽이다.

세계는 어떠한가? 그것도 마찬가지다. 보는 사람에 따라 다르다. 금방 임용된 교수의 눈에 세상은 봄이요 인생은 총천연색 꽃밭이겠지만, 금방 억울하게 해직된 교수에게 인생은 겨울이요 가지만 앙상하게 남은 회색 산등성이 아니겠는가? 건강한 사람이 바라보는 세계와 우울증에 걸린 혹은 광기에 싸인 사람이 보는 세계가 동일하겠는가? 광기로 가득 찬 사람이 보는 세계가 전체가 될 수 없는 것과 마찬가지로, 건강한 사람이 보는 세계가 전체일 수는 없다. 결국 그 둘 혹은 나아가 더 많은 여럿의 세계는 하나로 대표되고, 일반화되어서는 안 될 일이다. 그런데도 사람들이 자꾸 그렇게 시도하고, 거기에 익숙하게 되는 것은 현실을 좌지우지하는 권력이 그 이분법을 즐겨 사용하여 지배하기 때문이다. 물질적이든 정신적이든 이데올로기적이든 권력을 쥔 자가 보는 관점이 도덕이고 종교고 진리가 된다. 광기로 충만하거나 병에 무너진 사람이 보는 세계는 존재하지 않도록 간주하여야 하고, 나아가 권력이 만든 그 이분의 세계에 저항하는 자들을 광인이나 병자로 모는 것이 이 세계의 이치다. 그러면 사람들은 그 메커니즘에 따라 간다. 그것이 현실이다.

이러한 이분의 논리를 니체는 단호히 거부한다. 어린아이에게서는 유치함이 아니고 천진난만함을 보고, 노인에게는 노쇠함이 아닌 원숙함을 보듯 니체는 각각이 처한 위치에서 나름의 통찰을 얻으려 했다. 모든 이의 관점은 모두 다 가치가 있다는 것이다. 그것이 자연의 이치고 현실이기 때문이다. 그러니 여럿을 하나로 묶지 말고, 둘로 나누지 말고, 그것으로 강제하지 말라는 것이다. 이러한 언명은 특히 인터넷이라는 매체로 모든 것이 연결되고 사회가 극도로 원자화된 현대 사회에서 더욱 절실하게 우리가 가져야 할 자세이다. 모든 정보가 다 공개되고, 획일화되고, 보편화된 사회에서 결국 중요한 것은 자신만의 관점이다. 자신의 관점이 없고 모든 것이 데이터로 일반화되면 '나'는 사라지는 것 아닌가? 그러면 그렇게 사는 이유가 사라져 버린다. '어떻게 살 것인가'라는 본질적 질문 자체가 사라져 버리는 것이다.

2. 학문

천재, 즉 생산하든지 아니면 출산하는 존재에 비하면——
이 두 단어를 최고의 범위에서 받아들인다고 하고——학
자, 즉 학문을 하는 평균적 인간은 언제나 늙은 처녀 같
은 것을 가지고 있다: 왜냐하면 그는 이 늙은 처녀와 마
찬가지로 인간의 가장 귀중한 두 가지 기능을 이해하지
못하기 때문이다.

——『선악의 저편』, 206

니체가 가장 큰 관심을 가진 것은 '진리'에 관한 것이다. 진리
가 무엇인지 찾으러 가는 것이 아니고, 진리를 어떻게 보는가와
같은 관점에 관한 것이다. 진리라는 건, 어떤 문제도 제기될 수 없
다. 밤이 지나면 아침이 온다거나 목이 마를 때 물을 마시면 갈증
이 가신다거나 하는 게 진리다. 그러니 결국 변하지 않는 관념 즉
고정 관념이다. 그런데 "물을 마실수록 갈증이 더 심해지는 건 그
대라서인가"라고 시를 쓴다면 그건 진리가 아니고 예술이 된다.

또 '어머니의 사랑은 변하지 않는다'라고 하는 건 진리였지만, 지금은 그렇지 않다. 그렇다면 변하지 않는 진리는 과연 있는가? 인간과 관련한 현상 가운데 어떤 고정된 관념이 있을까, 하는 질문이다. 그러다 보니 결국 문제의 초점이 종교로 모이게 된다. 예수가 우리 모두의 죄를 대속하기 위하여 죽임을 당한 그리스도라는 사실을 믿으면 구원을 얻는다는 언명은 기독교인들에게는 진리다. 변하지 않는 고정 관념이다.

—

그런데 그 고정 관념이라는 것은 꾸준히 계승되는 성격을 아주 강하게 가진다. 그 진리는 세대에 세대를 거쳐 내려오면서도 전혀 의심받지 않고 전승되다 보니 마침내는 어떤 인간 본성의 위치까지 차지하게 된다. 그런 상태에서 그 진리에 맞서 싸우는 것은 매우 무모한 일이다. 목숨을 잃는 것이 비일비재하다. 그러니 그 진리에 대적하는 것은 신성모독으로 엄청난 두려움을 야기한다. 그 두려움이라는 것은 참으로 파괴적인 힘을 갖는다. 제 아무리 낯설고 불안하게 하는 것이라도 두려움 안으로 들어가면 금세 익숙하게 된다. 그렇게 우리에게 익숙해져 버리니 누구도 의심하지 않는 것이다. 그러면서 그 익숙함 앞에서 개인의 주체성은 사라질 수밖에 없다. 그리고 우리는 그 익숙함의 노예가 된다.

니체에 의하면 그 익숙함의 진리는 도덕이다. 선량하고 평범하고 예의바른 사람들이 바로 그 도덕을 지키는 사람들이다. 그들이 다수가 되는 사회에서 그 진리와 어긋나게 살아가고자 하는 사람은 사회의 악이 되거나 미친 사람이 된다.

—

진리는 모든 것을 제어하고 통제하고 가두어 들이는 속성을 가져 엄청난 파괴의 에너지를 발산한다. 에너지가 현실의 땅에서 나오지 않고, 존재하지 않는 유토피아를 향하는 것으로부터 나오기 때문이다. 척박한 땅에서 사는 삶 위에 온갖 난관을 헤쳐가면서 다양하고 예측할 수 없는 것으로써 생성시켜야 생산적인 것이 될 텐데, 존재하지 않고 만질 수 없는 곳을 향해 만들어 내는 에너지이다 보니 양보도 타협도 없는 이분법상의 두려움을 야기하는 에너지가 된다. 그 에너지가 옥죄는 제어의 힘에 눌려 현실의 말을 할 수 있는 사람은 거의 없다. 두렵기 때문이다.

—

그 두려움을 기반으로 진리를 세우는 과정에서 큰 역할을 하는 것은 객관과 과학의 옷을 입은 학문이다. 학문은 현실 속에서 이성이라는 횡포에 저항하는 것을 악으로, 이단으로, 마녀로 규정한다. 그러니 다수에 저항하면서 소수로서의 주체적 자아를 가진 사람은 학문에 의해 규정된 악이나 이단을 만나는 것을 자신에 대한 채찍질로 여겨야 한다. 다수에 저항하는 소수는 이를 자기 편이라고 여기고 두려워해서는 안 되는 것이다. 그 위에서 전통이라는 이름으로 타인이 짜놓은 프레임의 관습에 순종하면서 스스로를 가두지 않아야 한다. 다만 지금 여기, 현실에서 가장 중요하고 필요한 관점이 무엇인지를 간파하여 생명력을 보존해야 한다. 그러면서 객관과 다수가 옥죄는 판에 파열을 일으켜 새로운 생명력이 솟구칠 수 있도록 해야 한다. 그런 점에서 볼 때, 중요한 것은 진리를 지키는 학문이 아니고 진리를 파열시키는 이단의 힘이다. 그 이단의 힘은 결국 관점에서 나오니, 관점이 생명력의 원초가 되는 셈이다.

———

예컨대, 코로나 바이러스로 인한 인류 재난에 대해 생각해 보자. 생산 혹은 발전의 관점에서 생각하면 코로나 바이러스라는 것은 인류의 적이지만, 지구의 무분별한 착취와 남용이라는 관점에서 보면 코로나 바이러스는 결국 지구와 생명을 보존하게 하는 좋은 단초가 될 수 있다. 그렇게 보면 문제 해결의 단초는 결국 관점이 된다. 그런데 우리가 사는 이 세상은 그 관점이라는 것을 제어하는 방향으로 움직인다. 하나의 단일한 관점으로 구심력을 발휘하는 운동과 그것에 저항하면서 원심력으로 운동하는 것이 부닥쳐 새로운 에너지를 만들어 내는데, 주로 후자의 힘이 적게 일어나고 전자의 힘에 순응하면서 전체 에너지가 왕성하게 생기지 않는다. 그 구심력 중심으로 만들어 내는 것이 종교고, 도덕이다. 그리고 지금과 같은 현대 사회에서도 여전히 왕성한 이상주의와 같은 이념이다.

———

주의에 대해 생각해 보자. 인민을 위한, 인민에 의한, 인민을 위한다는 '공산주의'에 대해 생각해 보자. '공산주의' 자리에 '민족주의'라는 어휘를 넣어도 마찬가지고, '기독교'를 넣어도, '과학주의'를 넣어도, '페미니즘'을 넣어도, '성리학'을 넣어도 다 마찬가지가 된다. 공산주의에서 말하는 그 인민은 거짓말하고, 시기하고, 남을 끌어내리고, 질투하고, 자기 이익만 챙기려는 보통의 사람들이다. 그런데 담론을 만드는 사람들은 그 본능을 애써 외면한다. 그들은 인민이라는 것을 의지적이고, 진보적이고, 단일적이며, 행동적이라고 규정하면서 혁명의 주체로 상정할 뿐이다. 하지만 현실은 냉정하게 전혀 그렇지 않다. 인민이라는 사람, 그들의 아집, 그 불편함을 있는 그대로 보는 것이야말로 현실인데 그들

보는 것만 보인다.
그 강한 빛에 눈을 뜨지 못한다.
세상은 어둡고 사위는 고요해야 한다.

© 부산 장전동, 2016

© 부산 금련산, 2020

은 이상주의의 담론에 얽혀 현실의 실체를 거부한다. 그 인민이
라는 대상의 본질을 현실적으로 보지 못하기 때문에 그것을 토대
로 한 혁명은 성공하는 듯 보이지만 결국 실패할 수밖에 없다.

———

　학문이 바라는 바가 바로 그런 세계다. 행복을 두려워하고, 쾌
락을 경원하고, 물질을 포기하도록 하며, 현실을 자제시키는 것,
그 안에 뭔가 규정과 규범의 방을 만들어 모든 것을 규격화하고
체계화하는 세계다. 그 원칙이라는 혹은 진실이나 진리라고 언명
된 그 방 안에서 복종하고 순응하도록 담론을 계발하고 이론화
하고 체계화하는 것이 학문이 가는 길이고 학자가 하는 일이다.
그래서 학문이라는 것은 세상을 유지하는 일을 할 뿐, 세계를 창
조하지 못한다. 임의대로 규정하고 임의대로 분리해서 자신이 갖
는 세계관에 맞게 의미를 부여하는 것, 그 학문의 세계로 악을 이
겨낼 수는 없다. 악을 극복하는 길은 악으로 주어진 운명을 당당
하게 받아들이고 그것에 저항하면서 살아가는 힘을 키우는 것이
다. 그 힘으로 현실 위에 서야 악을 극복하는 것이고, 학문이 규정
하는 이상 위에 서면 악에 무릎 꿇는 것이다.

3. 역사성

이 도덕의 역사학자들 가운데 위세를 부리고 싶어 하는
선한 정령에게 경의를 표하자! 그러나 유감스럽게도 이
들에게는 역사적 정신 자체가 결여되어 있으며, 그들이
바로 역사의 모든 선한 정령 자체에게서 방치되어버렸다
는 것은 확실하다!

——『도덕의 계보』, 2

자신이 소화하지 못한다면, 레닌이 어떻게 혁명을 했고, 그람
시가 어떻게 저항했으며, 간디가 어떻게 인민을 이끌어 나갔는지
를 아는 게 무슨 소용이 있는가? 문자 그대로 그림의 떡이다. 아
니 그림의 떡을 넘어 당시 각 상황에 처한 '그들'에게는 약이 되
던 그 여러 방편들이 지금 여기 '나'에게는 독이 될 수도 있다. 그
들의 삶과 가치는 그 당시 역사적 상황의 산물이기 때문에 그것
을 내가 내 삶으로 가져와 '나'의 삶으로 바꾸어 실천해야 유효해
진다. 그렇지 못한다면 그건 도리어 '나'의 삶을 무리하게 만들고

나아가 황폐화할 수도 있다. 시간과 장소를 초월해 유효한 교훈이라는 것은 있을 수 없다. 시간은 흐르는 것이고, 그 위에서 세계는 변화하는 것이다. 그 변화란 과거를 대체하는 것이 아니고, 과거 위에서 새로운 것으로 재구축되는 것이다. 이러한 세계 속에서의 시간과 장소의 성격을 제대로 파악하지 못한 채 정태적으로 그들의 과거를 받아들인다면 그것은 감동이고 믿음이고 신앙일지는 모르겠지만, 역사는 되지 못한다. 실천하지 못한 채 밀려오는 감동은 삶의 도움이 되지 않고 삶을 왜곡하고 앞으로 나아가는 것을 방해하는 장애가 된다.

—

　결국 문제는 변화에 대한 인식이다. 변화한다는 것은 동일한 것이 존재할 수 없다는 것이다. 설사 그것이 동일한 것으로 보일지라도 사실은 동일한 것이 아니다. 현실 세계에서는 겉으로는 파악할 수 없는 너무나 많은 이질적이고 복합적인 것들이 서로 다름을 확실하게 구성한다. 그러나 현재의 주류 담론이라는 것이 주도하는 분류와 규정에 의해 세계는 마치 단일한 것, 변하지 않아야 하는 것, 당연히 이렇게 저렇게 가야만 하는 어떤 전범이어야 하는 것으로 규정된다. 가장 흔하고 많은 사람들이 겪어 봤음직한 '사랑'에 대해 생각해 보자. 사랑이라는 이름으로 그 많은 사랑들을 한 곳으로 모으고 그 사랑의 속성들을 추려낸다. 그러면서 사랑이란 이러하다, 저러하다라고 규정한다. 그리고 누군가 '나' 이전에 정해진 그 규정에 따라 내 사랑의 문제를 해결하려 한다. 마치 여러 사람이 겪고 동의한 그 일반화된 규정이 정답이듯 말이다. 그런데 그렇게 만들어진 사랑의 속성으로 나의 사랑의 문제가 꼭 치유되는 것은 아니다. 여기에서 한발 나아가 더 중요한 것은, 그 규정의 방편에 따라 치유되지 못한 사람은 자기에 대해 자책한다는 사실이다. 아무 잘못이 없는 사람이 정작 잘못된 규정으로 자기 자신을 잃는 것이다. 결국 그 누군가가 만든 교조는 '나'의 삶에 도움이 되지 못한다는 정도를 넘어 '나'를 황폐화한다.

─

표준이란 있을 수 없다. 그때 그 사람에겐 그게 답이고 옳음이었는지는 모르겠지만, 지금 여기에서 '나'에게는 그럴 수도 있지만 그렇지 않을 수도 있다. 그러니 보편성이라는 전가의 보도에 기대어 펼치는 학자의 언어로 된 어떤 규정에 흔들려서는 안 된다. 학자가 규정하는 그 언어에 '나'를 주눅 들게 해서는 안 된다. 나는 그들과 같을 수도 있지만, 다르기도 하기 때문이다. 그러한 '나', 일반화되지 못한 '나'야말로 니체가 말하는 살아 있는 존재다. 그런데 문제는 우리 각자가 '나'를 잘 알지 못한다는 데 있다. 그것을 니체는 우리 정신을 지배하는 도덕 가치의 역사적 근거를 알지 못하기 때문이라고 했다. 사람들은 그 가치가 어디에서 기원해 어떤 과정을 거쳐 여기까지 왔는지를 파악하려 하지 않고 그냥 그것이 불변의 진리인 것으로 받아들일 뿐이다.

———

많은 철학자들이 변하지 않는 불변의 진리를 상정한다. 소위 본질론을 설파하는 것이다. 변화하는 역사를 그 본질론에 비해 열등한 것으로 취급한다. 그러면서 어느덧 현실 위에서 현실에 대해 사유하는 것은 속된 것으로 전락해 버렸다. 그 안에서 인간은 우주의 중심이고, 만물의 영장이 된다. 그래서 인간이 사고하는 이성은 세계의 기준이고, 영원무궁이 된다. 실로 거대한 오만함이다. 그런데 그 오만함은 관념의 말단일 뿐, 세계의 현실과는 아무런 관계가 없다. 세계는 그렇게 본질로 존재하는 것이 아니기 때문이다. 그런 본질로 마땅히 가야 하는 당위도 될 수 없다. 본질은 허위고, 위선이고, 사람들을 오도하는 방편일 뿐이다. 진리라고 불린 모든 것들을 시간의 흐름 속에 넣고 사유해야 한다. 그러면 그것들은 고작 특정 시대에 특정인들에 의해 자의적으로 해석되어 규정된 것임을 알 수 있다. 흔히 사실이라고 말하는 것들이 실제로는 그 시대 사람들의 관점에 달려 있고, 그 관점은 그 당대 사회의 자연과 인위적 환경이 운항하는 여러 층위들에 의해 복합적으로 만들어져 가고 끊임없이 변해 온 것이라는 것을 알게 된다. 그것이 도덕이든, 전통이든, 로고스든, 진리든 모두 똑같다. 그 불변의 진리를 주장하는 사람들은 그 힘으로 세계를 지배하는 자이고, 변화를 주장하는 사람들은 그들을 힘으로 제어하지 못하면 그들의 손아귀 안에서 영원히 헤어나지 못한다.

———

19세기 후반 빅토리아 시대 영국에서의 도덕적 가치에 따르면 이상적 남성상은 오대양 육대주로 나아가면서 정복하는 것을 두려워하지 않는 것이었다. 그때 그들은 세계의 오지와 험지 최고의 산 등을 정복하는 것을 시대의 표상으로 삼았다. 그 시대 남성의 파트너인 여성은 현모양처로서 가족을 지키며 그 남성을 뒷바라지하고 자녀를 시대정신에 따라 양육하면서 사는 것을 시대의 표상으로 삼았다. 그러다 보니 요즘 우리가 하는 나지막한 둘레길을 산책한다거나 남녀평등을 외치면서 한 부모 가정이나 비혼주의를 외치는 것은 불가능했다. 역으로 당시 그런 가치를 지금에 와서까지 여전히 목청 높여 부르짖으면 아무도 거들떠보지 않고, 돈키호테 취급을 당할 수밖에 없다. 바로 이 두 가치 판단

눈에 보이지 않는다고 존재하지 않는 것은 아니다.
그림자 속에 있다가, 땅 속 깊이 흐르다가
어느덧 밖으로 솟아 나오는 과정이 역사다.

© 부산 서면, 2008

가운데 어느 하나가 틀리거나 잘못된 것은 아니다. 그때는 식민지 경영이 시대적 사명이었고 지금은 개인 자유의 고양이 시대적 사명이기 때문이다. 그 시대의 가치와 이 시대의 가치는 단지 다를 뿐이다. 그 가치들이 모여 소위 도덕이 되고 진리가 되는 것이다. 그러니 그것들은 유한해야 한다는 것이다. 그런데도 도덕이나 진리가 시대를 초월한다는 말인가?

4. 상대성

고고한 독립적인 정신, 홀로 서려는 의지, 커다란 이성은 이미 위험한 것으로 느끼게 되는 것이다. 개인을 무리 이상으로 끌어올리고 이웃에게 공포를 주는 모든 것은 이제부터는 악이라고 불리게 된다. 적당하고 겸손하고 스스로 적응하며 동등하게 대하는 심성, 욕구의 평범함이 도덕적 이름과 명예를 얻게 된다.

——『선악의 저편』, 201

무릇 세상의 모든 가치라는 것은 살아 움직이는 생명체와 같다. 시시때때로 역사의 변화에 따라 달라지다 보니, 원래의 모습이 어떠했는지, 돌이켜 떠올리기조차 어려울 때가 많다. 어렸을 적에 국민교육헌장을 외우고 매일 수업시간에 그것을 검사 맡았을 때 우리에게 최고의 가치는 국가였고, 전쟁이 날 때 유학을 접고 조국으로 돌아간 이스라엘 미국 유학생들이 삶의 귀감이었으나 지금 내 주변 젊은이들이나 나 스스로나 그렇게 생각하는 사람은 거의 없다. 국가보다는 어느덧 시민사회, 시민사회보다는 주체로서의 개인이 더 중요하다는 것을 파악하지 못하고 오래전에 형성된 그 가치에 변함없이 매달리는 것은 시대착오적인 것이 되었다. 무슨 가치든 그것을 주창한 시대와 장소 그리고 물질적 환경에 따라 만들어지는 것이니, 당연히 그것은 그것이 만들어지거나 통용되는 해석의 대상이 되어야 한다. 모든 것을 초월하는 보편적 가치의 대상이 아니고 역사적 맥락에 따라 달리 해석되어야 한다는 말이다.

———

그런데 사람들은 그 분명한 사실을 인정하고 싶어 하지 않는다. 자신이 이전부터 오랫동안 간직해 온 그 껍질을 부수기가 쉽지 않아서다. 사람이라는 게 그렇게 하면서 생각의 노예가 되어 가기 때문이다. 그 안에서 변화를 거부하면서 왜곡하기 위해 그 위에 신성(神聖)이라는 갑옷을 입힌다. 그러고서는 역사를 초월한 무오류의 진리로 둔갑시킨다. 그 사이에서 드러나는 여러 역사적 층위에 따른 서로 다른 사실들, 그로 인해 발생하는 오류와 모순들은 나중에 사제 혹은 학자들이 신의 섭리, 시대를 초월한 당위, 조상 대대로 내려온 미풍양속, 우리가 지켜야 할 전통이라는 레토릭과 담론으로 정당화한다. 그리고 이 진리를 따르지 않는 자에게 혹독한 처벌을 내린다. 그리스 신화에 나오는 프로크루스테스의 침대에 맞춰 발을 잘라 버리는 격이다. 그 제어하는 힘이 강력하고, 방식이 잔인하고 그 결과가 잔혹할수록 제어의 효과는 커지고 그 위상은 영원불변의 절대 진리가 된다. 지금 우리에게 남아 있는 소위 불변의 진리는 그렇게 해서 우리에게 온 것이다.

———

도덕은 시대가 바뀌면 바뀌는 게 자연스럽다. 인도의 시크교도는 힌두교와 이슬람의 좋은 점을 골라 절묘하게 만든 종교인데, 처음 태어날 때는 명상과 평화와 휴머니즘을 무엇보다 우선적인 덕목으로 가진 종교였다. 그러다가 무갈제국 정부에게 쫓겨난 반란군을 숨겨주고 그를 고변하지 않은 죄로 교주가 처참히 참수되어 죽은 이후 그들 공동체가 지켜야 할 덕목은 바뀌었다. 더 이상 명상과 평화와 휴머니즘을 말하지 않고, 이젠 믿음을 지키기 위한 불굴의 싸움을 말한다. 그리고 예전의 그 덕목들은 비겁한 것으로 규정지어졌다. 새로운 덕목으로 떠오르는 것들은 새로운 시대사의 요구로 인한 것이었다. 신념을 지키기 위한 불굴의 의지, 불퇴전의 싸움, 끝없는 희생, 남성의 용맹과 여성의 전통 수호 등이 그들의 도덕이고 신념으로 자리 잡았다. 그래서 지금의 시크 공동체 안에서는 복수욕, 교활함, 폭력, 음주와 육식, 지배욕과 같은 어떤 강력하고 거친 인간의 본능이 미덕이다. 처음에는 극복해야 할 악덕이었는데 말이다. 이러한 현상은 비단 시크교만의 일이 아니다.

———

니체는 도덕이라 해서 지금 그것을 숭배하는 이들이 말한 바와 같이 처음부터 도덕적인 동기에서 기원한 것만은 아니라고 했다. 기원을 살펴보면 부도덕한 동기에서 나올 수 있고, 진리에 대한 열정도 무지나 오류 때문에 생겨난 것도 있으며 그 반대인 경우도 많다고 했다. 니체는 사람들이 이기심, 허영심, 체념, 아무 생각 없음 등과 같은 부도덕한 것으로도 얼마든지 도덕을 만들 수 있다고 했으니 그런 것을 꼽자면 셀 수 없을 것이다. 그래서 모든 가치는 지금의 맥락으로 보기 이전에 만들어지고 통용되던 당시의 역사적 유래를 살펴봐야 한다. 그러한 방법을 니체는 지하로, 지하로 내려가서 토대부터 살펴봐야 한다고 말했다. 우리 주변에 우리가 대들보로 삼고 있는 가치들 가운데 유래가 잊힌 채 다른 가치들을 흉내 내고, 틀만 바꾸고, 교묘하게 비틀어 아름다운 전통과 관습의 형태로 남아 전해 오는 것이 얼마나 많은가. 우리는 그것을 살펴봐야 한다. 이것만이 진리라고 하는 절대성을 부정하는 길이다.

결국 소위 진리나 도덕으로 불리는 것만 가치가 있는 것은 아니다. 도덕이 아니고 불경한 것으로 전락한 것이나 진리가 아닌 오류라고 규정되는 것 또한 적어도 어떤 특정 시대에는 가치 있는 것이었다. 다시 말하면 상대적인 가치를 지니고 있고, 시대가 바뀌면 얼마든지 진리로, 도덕으로 널리 숭배를 받을 수 있는 것이다. 그러니 우리는 그 진리나 도덕이라는 것을 널리 숭배하고 심지어는 그것을 지키기 위해 모든 힘을 다 쏟고, 목숨까지 바친다는 것이 얼마나 허망하고 무가치한 일인지를 새겨야 한다. 우리가 도덕이라고 하는 범주 안에 들어가서 체험하는 행위 그 자체가 하나의 과장일 수도 있고, 하나의 축소일 수도 있다. 모두 오류일 수 있다는 것이다. 그러니 절대 가치라는 것을 무시하고 자유롭게 살아야 한다. 때로는 경박하거나 분별력이 없다고 때로는 예의가 없고 경솔하다고, 때로는 만용에 젖어 있다고 비판을 당할지는 모르지만 적어도 만들어진 도덕에 얽매여 사는 것보다는 활기차게 살 수 있는 것이 사실이다. 사는 데 가장 중요한 게 생명력 아닌가? 생(生)이 삶인가, 도덕이 삶인가? 습관화된 도덕의 가치에 순응하는 것, 그것 참 어리석은 일이다.

홀로 세계일 수 있는가?
배경 없이, 맥락 없이 그 홀로 존재할 수 있는가?
네가 있어 내가 있고, 내가 있어 네가 있는 건 아닐까?

© 부산 구서동, 2018

결국, 선이라고 하는 행위는 어떤 절대적 관점에 따라 규정되는 것이 아니다. 그것은 그때그때의 상황과 맥락에 따라 규정된다. 그렇다면 그 선을 행하고자 하는 사람이 해야 할 것은 무엇인가? 자신이 물려받은 전통의 선입견에서 벗어나고, '지금 여기'에서 무엇이 선한 것인지를 파악하고 규정하는 독립적인 힘을 갖추어야 한다. 자신에게 편하고 이롭게 하기 위해 그 맥락을 자의적으로 선택해서 결정하고, 그것을 다른 이에게 강요해서는 안 된다. 자신에게 유리하다고 해서, 그 자신들이 힘이 있다고 해서 그것이 선이 되어서는 안 된다는 것이다. 선이고 참이고 도덕이고 간에 모든 가치는 상대적이다.

5. 무기력

비도덕주의자라는 내 말은 근본적으로 두 가지 부정을
내포한다. 첫째, 나는 이제껏 최고라고 여겨졌던 인간 유
형, 즉 선한 인간, 호의적인 인간, 선행하는 인간을 부정
한다. 둘째, 나는 도덕 그 자체로서 행사되고 지배적이
되었던 도덕 유형을 부정한다.—즉 데카당스 도덕, 좀 더
구체적으로 말하면 그리스도교 도덕을.

—『이 사람을 보라』, 왜 나는 하나의 운명인지

어렸을 때부터 "모난 돌이 정 맞는다"라는 말을 참 많이 듣고
자랐다. 아니 아이들을 키우고 학생들을 가르치는 입장에서 내
스스로도 많이 한 말이다. 가만있으면 중간이라도 간다라든가, 침
묵은 금이라는 말은 그 많은 동서양의 금언들과 비슷한 맥락이
다. 이 금언들을 관통하는 정신은 사람이란 어떤 평균에 수렴되
면서 서로 같아지면서 살아가기를 원한다는 것이다. 그것은 인간
은 사회적 동물이라는 명제와 일맥상통으로 이어지기도 하고, 악

법도 법이라는 말과 이어지기도 한다. 삶이란 상호성에 기반을 두어야 하며, 그 위에서 예측이 가능한 길을 따르는 자여야만 사회에서 인정하는 인재로 인정된다는 의미가 되기도 한다. 그리고 그런 삶이 모여 보편타당한 행동이라는 지침이 만들어지고, 그 지침에 따라갈 때 사회의 응집력이 강해지고 그 기반 위에서 자신이 속한 공동체, 조국과 민족이 번영하고 그 안에서 개인과 가족이 영화를 누릴 수 있다는 의미로 이어진다.

—

그 담론을 다른 관점에서 한번 생각해 보자. 그 보편타당의 윤리를 지키지 못하는 사람은 문제아가 되고, 그 문제아는 작은 공동체에서부터 통제의 대상이 된다. 그렇다면, 오랫동안 제어의 대상이 되어 온 그 사람들 입장에서 생각해 보면, 그 공동체와 사회는 그들에게 무슨 존재이겠는가? 자신에게 두려움을 주는 원천이 될 수밖에 없을 것이다. 그러다 보니, 그들은 그 공동체 사회에 적응을 할 수 없게 되는 것이다. 따라서 그들은 거기에 순응하거나 회피하는 길만 찾을 수밖에 없게 된다. 그들이 어느 정도 성장하여 나름 판단력이 생긴 후에는 자신만의 길을 설정하고 그 길로 나아가야겠다고 마음먹고 도전해 보려 하지만 그 제어의 강제력이 그리 만만하지 않음을 목도하고 금세 좌절하게 된다. 그

때 이미 자신은 너무 나약한 사람이 되어 있음을 발견하게 된다. 그런 무기력한 자, 그들은 과연 우리가 이 사회에서 바깥으로 처리해야 할 죄인들인가? 그들이 사회에 부적응한 것은 소위 정상인들에게 죄를 저지른 것인가? 정상인들이 세워 놓은 질서를 어겼다는 것이 될 텐데, 그 질서라는 것이 과연 변하지 않는 진리의 힘을 가질 수 있는가?

———

두려움이라는 건 하나의 사회적 충동이다. 이 맥락에서 니체는 우리가 흔히 도덕이라고 부르는 것은 바로 이 두려움에서 생긴다고 봤다. 도덕이란 삶에서 위험을 제거한 것이고, 그런 도덕 안에서 함께 살 때 우리는 안전하다는 느낌을 받는다는 것이다. 도덕은 스스로를 낮출 것을 요구하고 개체를 철저하게 약화시키거나 없애버리기를 요구하는 것이다. 이 맥락에서 개체란 둥근 원을 구성하는 요소가 되어야 할 뿐, 원의 질서를 파괴하면서 튀어나와서는 절대 안 된다. 이 말은 결국 어떤 상황에서라도 개체는 무기력해야 한다는 것이 된다. 그래야 사회는 질서 안에서 안전하게 유지되고, 그 안에서 다수가 편안해진다. 그렇다면 사회에서 경쟁이라는 것은 그 튈 수 있는 개체를 제거하는 게임이 된다. 경쟁이란 말하자면, 누가, 누가 더 무기력해질 수 있는가를 놓고

◎ 부산 초량동, 2018

무엇을 향하고, 무엇에 의지하는가를 보라.
그래서 무엇을 하고 있는가를 보고
그 안에 무엇이 있는가를 찬찬히 들여다보라.

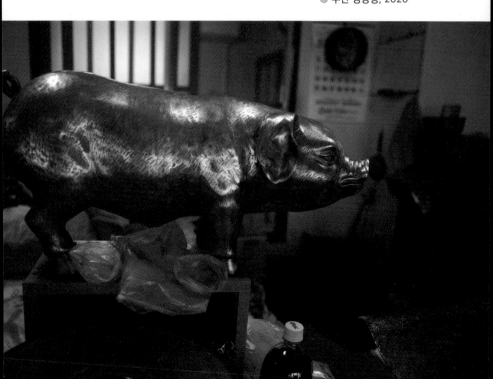

© 부산 명장동, 2020

견주는 것이 되어버린다. 개체성을 완전히 상실하는 길을 누가 더 잘 보여주고, 그 가능성을 제대로 보여주는가를 시전하는 것이 된다. 그렇지 않은가?

———

니체는 무기력이 발호하는 것은 도덕이 자아내는 자비와 연민 때문이라고 봤다. 그런 의미에서 기독교에서의 사랑이나 불교에서의 자비 모두 동일하다. 사회를 벗어나 수도하는 승려들에게 물질을 기부하고 그들의 가르침을 들으면서 그 가르침 안에 필히 들어 있는 사랑과 자비의 공동체 정신으로 무장하는 것은 결국 그들을 무기력하게 만들고, 그러한 판이 만들어지면 그 위에서 공동체 착취가 이루어지며, 그 착취를 사랑과 자비의 이름을 빌려 지속하게 만드는 것이 된다. 그러한 것이 계속되면서 수도승들은 물질적으로나 정신적으로나 모두 타인에게 의존하게 되고 그들이 만든 가치관은 세상을 무의미한 것, 버려야 할 것으로 만든다. 현실의 세계를 무가치한 것으로 보고 떠나 버린 그들의 사랑과 자비의 담론 안에서 사람들은 현실을 포기해야 할 곳으로 받아들인다. 기독교나 불교나 모두 초기를 지나 점차 대중화가 이루어지면서 이런 경향은 더욱 강해졌다. 대중화된 기독교와 불교에서는 개인의 궁구보다는 대중의 사랑과 자비가 훨씬 중요한 위치를 차지하였다. 이로서 종교는 사회를 규제하는 강력한 이데올로기가 되었고, 사람들은 그 안에서 무기력하게 좌절하였다.

—

그것이 기독교든 불교든 힌두교든, 설사 종교가 아니고 이념이라 할지라도, 그것이 마르크스주의든 민족주의든 간에 그것이 갖추고 있는 규율과 의무 그리고 이상이라는 도덕으로 무장이 되어 있고 그 안에 귀의했다면, 그는 그 조직의 도덕으로부터 무기력의 세례를 받고 그에 감읍하는 길을 간다. 그것을 거부한다면 그는 그 이상주의자 혹은 도덕론자로부터 미움과 저주를 받을 것이다. 그렇지 않고 그 도덕과 규율 안에서 함께 원만하고 순종적으로 살면 젖과 꿀이 흐르는 천국과 비단과 황금으로 가득 찬 극락을 선사받을 것이다. 그러니 그 길로 가기 위해서는 이 삶에서 개체의 욕망을 제거하고 삶을 포기해야 한다. 그것이 무기력이다. 그것이 지금 우리가 살고 있는 세계의 모습이다.

—

결국 종교나 도덕의 사랑과 자비란 부랑자 보호의 이치와 똑같다. 그가 정신 장애인이든, 신체 장애인이든 누구든 그 시설에 수용되면 그는 머지않아 자기 자신에 대한 자신감과 긍지를 상실하고, 결국 삶의 의욕을 잃게 되면서 무기력한 존재로 나락에 빠지게 될 수밖에 없게 된다. 삶의 의지가 꺾여 자신을 억누르고 자신을 그런 처지로 만들어 나락에 빠지게 한 어떤 궁극에 대해 저항을 못하게 하는 건 물론이고, 자신을 가두고 강제하며 억압하는 시설이 정한 어떤 규율이라는 도덕에 의해 철저히 사육될 수밖에 없게 된다. 시간이 흐르면서 그 규율을 지키지 못한 데서 발생하는 죄책감과 자신을 이렇게 살아 있게 만들어준 그 규율에 대한 무한한 사랑을 느끼며 감사해한다. 이런 도착된 현상을 놓고 사람들은 그 보호 시설 안에서 이루어진 폭행과 획일적 삶에 대한 강요 때문이라고 하곤 하는데, 근본적으로 보면, 그것 때문은 아니다. 본질적으로 규율이라는 것이 만들어내는 도덕과 그 안에서 피어나는 사랑과 자비가 만들어낸 개체적 자긍심의 상실과 무기력이 궁극적 원인으로 작동한 결과이다. 이 사실을 부정해서는 안 된다.

6. 이상(理想)

그와 함께 '인간의 이상' 또는 '행복의 이상' 또는 '도덕성의 이상'에 이르려는 시도는 하게 되지 않는다 ─자신의 존재를 어떤 목적에 넘겨주고자 하는 것은 허무맹랑한 일이니까. 목적이라는 개념은 우리가 고안해낸 것이다: 사실 목적이라는 것은 없다…….

─『우상의 황혼』, 네 가지 중대한 오류들

벌써 10년쯤 된 텔레비전 연속극 「뿌리 깊은 나무」, 참 재미 있게 봤다. 그 이야기에 밀본(密本)이라는 조직을 이끄는 한 베일 에 싸인 가상의 주인공이 나온다. 그는 조선을 건국한 정도전의 후계자로 인민을 위한 나라를 세우고자 하는 성리학 이상주의자 다. 왕에게 주어진 거대 권력을 거부하고, 인민의 나라를 세우고 자 하는데, 그렇다고 주권재민의 민주제를 신봉하는 것도 아니다. 절대 권력인 왕권을 중심으로 하는 체제를 무너뜨리고 그 자리에 세습되지 않고 능력 있는 재상을 중심으로 하는 체제를 세우려 하는 정도전 일파의 주장이 오늘날의 민주제에 더 가까운 우월한 체제로 보이지만, 정작 문제는 그다음에 발생한다. 우선, 세습되지 않고 유능한 재상이 나올 수 있다는 전제 조건이 분명히 성립될 수 있는가를 따져봐야 하기 때문이다. 게다가 니체 식으로 한 발 더 아래로 들어가 살펴보면, 인민에게 주권이 있는 민주제는 왕권이나 재상권 민주제보다 더 우월한 것이라 말할 수 있을까? 여기에서 더 들어가 보면, 지금 가장 진보적이라 하는 세력이 주장하는 노동자가 권력을 잡으면 그것이 더 우월할 수 있고, 적어도 노동자 인민이라도 더 잘 사는 체제가 될 수 있을까? 문제는 그것이 아니다. 문제는 다른 깊이에 있다. 왕권으로 가든, 재상권으로 가든, 민주 주권으로 가든, 노동자 주권으로 가든 그것들이 각각 내거는 것은 모두 이상일 뿐이고, 이상 밖 현실은 다르다. 현실에서 분명한 것은, '권력은 부패한다'는 사실이다. 이상이란 이룰 수 없는 것으로 신봉의 대상이 돼서는 안 된다. 현실은 상황에 따라 수시로 변화하면서 적용하는 것이다.

——

　그 어떤 것이든 신봉하며 절대적인 것으로 받들어서는 안 된다. 신념이라는 것도 마찬가지다. 생기는 대로 폐기하고 또 폐기해야 한다. 그것이 바로 니체가 말하는 우상을 파괴하는 것이다.

니체는 국가의 예를 들면서 우상이란 마치 그 누구로부터도 불편부당한 존재인 양, 스스로가 보편적 선이고 정의인 양 행세하는 것이라 했다. 그래서 쉬지 말고 싸워 그 우상을 깨부숴야 한다고 했다. 시간이 흐르고 시대가 바뀌니, 시대정신 또한 바뀌어야 하고, 그에 따른 행동 또한 끊임없이 바뀌어야 하는 것이다. 개인이든 집단이든 국가든 일정 수준의 완결이 이루어진 후 또 시간이 흐르면 처음의 완결은 다시 바뀌고, 그러면 그것은 첫 완결 때 갖추었던 그 힘을 상실하게 된다. 그것을 극복하지 않으면 완결 이전의 불완전 상태보다 더 좋지 않은 결과를 낳을 수 있다. 사회에서 항상 하나의 방향이 발현되면 반드시 그 반대 방향의 운동 즉 반동이 일어나기 때문이다. 이를 니체가 그리스 예술을 예로 들면서 말하듯 하면, 아폴론과 디오니소스가 수시로 뒤섞이면서 예술이 이루어지는 것과 같다.

———

그 상태는 이성과 감성이 끊임없이 섞이고 때와 장소에 따라 비율이 또 달리 섞이는 것이 된다. 필연과 우연의 사이를 수시로 넘나드는 것이 된다. 원인과 결과가 서로 영향을 미치면서 전혀 예기치 못했던 관계를 만들어 낸다. 새로운 또 다른 현실을 끌고 나가는 개인과 집단의 균형도 수시로 바뀌면서 새로운 힘을 만들어 낸다. 그러한 과정들이 쉬지 않고 충돌하면서 만들어내는 것이 역사다. 이렇게 갈등과 조정의 역사가 끊임없이 일어나는 것은 그 주체인 인간 자체가 서로 다른 방향에서 수시로 변하면서 섞이기 때문이다. 그래서 인간은 현실 위에서 사는 존재라는 것이다. 그럼에도 사람들은 이상을 좇는다. 왜 확고한 토대도 없는 이상을 그렇게 쉽게 믿고 따르는 것일까? 현실에 기반을 두지 않아 토대라는 게 없는 것이라, 자기 삶에 해만 끼치는 그에 대한 믿음은 왜 그렇게 확고한 것일까? 니체는 사람들이 그런 이상을 자신들의 생존 조건으로 삼고 있기 때문이라고 생각했다. 다시 말해서 그들은 무언가 확고한 도덕, 무언가 확실한 진리가 없으면 살아갈 수 없다고 생각한 것이다. 제 스스로 서지 못하는 사람들은 자신이 의지할 것을 찾고, 또 그것을 지나치게 서두르며 너무 깊숙이 들어가 버리기 때문이라고 본 것이다.

—

이상이란 이룰 수 없는 것임은 분명한 사실이다. 아무리 능력 있는 사람이 끌고 모든 인간이 다 협력하고 연대하여 밀어붙인다 해도 그 이상은 이루어질 수 없다. 논리적으로 말하자면, 이상이란 애초에 이루어질 수 있는 것 다음 단계에 존재하는 것으로 설정해 놓았기 때문이다. 그들이 이 사실을 받아들이든 받아들이지 않든 상관없이, 사실은 분명히 사실이다. 그래서 아무리 노력하고 또 해도, 이상주의자들은 지금 여기의 세계를 바꿀 수 없다. 여러 이유가 있겠지만 그 가운데 가장 중요한 것은 그들이 바로 '지금 여기'라는 세계의 이치를 모르기 때문이다. 세계의 이치란 지금 발을 딛고 있는 바로 여기에 있는데, 자꾸 그 기원을 더 높은 곳에서 찾는다.

───

　현실은 장애물 투성이다. 장애물이 있으면 최단거리는 곡선으로 돌아가는 길이다. 그럼에도 이상주의자는 직선으로 도달하려 할 뿐이다. 현실을 감안하지 않으니, 그 이상에 도달할 길이 없는 것이다. 이상이란 결국 존재하지 않는 것일 뿐이다. 그러다 보니 그 이상을 향해 가는 길에 심각한 문제가 발생한다. 그 이상을 위해 자신을 더 많이 헌신하고, 희생하고, 그것도 모자라 자신이 속한 가족이나 공동체까지 집단적으로 몰고 가면 갈수록 그 이상은 이루어지지 않는다. 그러면 죄책감과 양심의 고통이 따를 뿐이다. 그런데 그런 오류의 심정이 생기면 사람들은 좌절하거나 그 길에 집착한다. 그러면서 끊임없이 이루려고 하는 더 큰 열정이 생기고 그에 따라 자기 억제와 현실 학대를 끊임없이 지속해야 한다. 그러면서 나락으로 떨어진다. 그 스스로는 그곳이 나락인지를 모르는 채. 이것이 니체가 말하는 이상이라는 우상으로 인해 인간이 무기력해지는 모습이다.

———

그들은 자신들의 신념이 현실보다 더 우월한 것으로 본다. 그래서 현실에 맞춰 사는 것을 열등한 짓이라고 본다. 도달할 수 없고, 존재할 수 없고 그래서 잴 수 없는 이상을 잴 수 있는 현실과 비교해서 더 우월한 것으로 평가한 오만함 속에서 살아왔다. 그리고 존재하지 않는 오만함으로 사람들을 찍어 누른다. 허깨비로 현실을 탄압하는 것이다. 현실 속에서 사는 사람들은 그들이 규정한 혼란스럽고, 감각적이면서, 물질적이고, 이질적인 것들을, 이상을 부인하는 삿된 것으로 치부당한다. 그런데 현실은 이런 삿된 것의 총체다. 그러니 그 이상 속에서 현실은 가치 없는 것이고, 그를 따르는 대중은 모두 가련한 존재가 되는 것이다.

어떻게 보이는가?
세계는 혼돈이요, 일그러짐이다.
반듯한 것은 세계가 아니다.

7. 목적

아이는 순진무구함이며 망각이고, 새로운 출발, 놀이, 스
스로 도는 수레바퀴, 최초의 움직임이며, 성스러운 긍정
이 아닌가.
　　　―『차라투스트라는 이렇게 말했다』, 세 가지 변화에 대하여

　죽음을 앞둔 노인들은 어떤 과거를 가장 후회할까? 삶이 끝나
는 순간까지 그 목적을 이룬 것에 대해, 그 목적을 이루려고 최선
을 다한 것에 대해, 그 과정에서 자기 주체를 버린 것에 대해 어
떤 생각을 할까? 사람이라는 것이 죽음을 앞에 두었다 해서 평생
지녀온 완고함을 한 순간에 버리고 마음을 고칠 만큼 지혜를 갖
고 있기는 하는 것일까? 오랫동안 자신과 직접적인 관련도 없는
사회 질서를 유지하고 도덕을 지키고 국가와 가문과 종교를 위해
희생하면서 살아온 관성에서 여전히 빠져 나가지 못해 그럴 것이
다. 물고기가 살아본 세계는 물의 세계가 유일하다. 물고기는 물
의 세계를 알지 못한다. 마찬가지의 이치로 경험하지 못한 세계

를 인식할 수 있을 만큼 지혜로운 사람은 없다. 그래서 역으로 그 경험해 보지 못하는 세계에 대한 담론인 종교와 도덕과 이상주의 이념의 완성이 삶의 목적으로 자리 잡게 된다. 그 안에서 사람들은 타자에 의해서 만들어진 그 가치를 위해 자신의 주체를 버리면서 살아간다. 죽음의 목전까지. 자기 주체 없이는 가더라도 타자가 세운 목적이 없으면 가지 못한다. 그렇게 한평생 길들여져 왔고 그렇게 살다가 죽으러 가는 것이다.

—

　니체는 이러한 목적을 가지고 삶을 사는 것을 격하게 비판한다. 목적이란 단일하고, 변화하지 않기 때문이다. 그 예를 기독교에서 찾는다. 기독교는 분명하고 단일한 목표를 갖는 종교다. 그런데 그 안에서 인간에게 자유의지를 주었다고 하는 신학 이론이 나온다. 원칙 논리적으로는 성립 불가한 변형 논리다. 자유의지란 목표 바깥의 세계까지 나갈 수 있는 것이어야 하는데, 그 자유의지는 목표 안에서만 성립한다는 게 모순이다. 기독교에서 말하는 자유의지는 논리상 신의 '섭리' 안에서만 가능한 것이니, 그것은 '자유'의 의지라 할 수 없다. 니체는 이 기독교의 자유의지를 '섭리'라는 틀 밖에까지 확장시키고, 인간 개체의 주체성을 담보한다. '영원회귀'도 비슷한 맥락이다. 그것은 나와 세계에 대한 무구한 믿음이지, 하나로 규정되고 그 주체에 의해 설정된 어떤 목표를 위해 줄기차게 나아가는 것이 아니다. 도형학적으로 말하자면, 모든 생성(生成)을 한 원(圓) 안에서 반복 순환하면서 보는 것이다. 그 원이라는 도형 안에서는 모든 점이 동일하게 중심이 된다는 의미가 중요하다. 특정한 지점에서 누가 먼저 깃발을 들고 나서거나 누가 끝으로 따라붙는, 먼저와 나중의 서열 차이가 없는 '사발통문'의 세계다. 그 안에서는 현재의 한 순간이 과거와 미래를 응축시켜 영원의 의미를 지닌다. 니체가 현실 파악을 그 무엇보다 더 가치 있게 두는 이유가 바로 여기에 있으니, 바로 현재가 곧 영원이라는 것이다. 아니, 현재를 영원으로 삼으라는 것이다. 결국 '영원회귀'는 자신 안에 들어 있는 다른 실존의 가능성, 자신의 정체성과 다른 어떤 타자성을 현실화하기 위한 시도로 가능성의 무한한 확장이다. 그런데도 많은 사람들이 이 영원회귀를 허무주의 비슷하게 이해한다. 오독도 그런 오독이 없다. 전체 맥락을 읽고 이해하는 게 아니고 번역된 어휘가 주는 일차 기표만 읽기 때문이다. 주체를 버리고 해석하는 것 대신 주체를 살리고 해석을 버린 것이다.

———

니체를 전체적으로 읽어 보면 정작 중요한 것은 자기에게 주어진 모든 조건을 긍정적으로 받아들이고 불만하지 않고 거기에서 할 수 있는 모든 힘을 길러 그 틀로부터 벗어나려는 주체를 키우라는 것이다. 단순히 자기 삶에 대한 비관과 남에 대한 그리고 상황에 대한 비판과 거부만으로는 그 힘을 키울 수 없다는 것이 매우 중요하다. 부정하고, 비판하고, 거부하는 것은 힘을 빼는 것이지 힘을 기르는 것이 아니다. 그렇지 않고, 무모하게 부정하고 저항하니 바이블에 나오는 돌아온 탕아가 되는 것이다. 부모가 하는 그 규정에 불만이 쌓여 집을 뛰쳐나가지만, 결국에는 '돌아온 탕아'로 집에 안주하게 된다. 부모는 성대한 파티로 그를 환영해 다시는 그런 '무모한' 짓을 하지 않기를 명토 박는다. 그 돌아온 탕아와 같은 행위가 실패한 삶이다. 그렇다고 돌아오지 않는 탕아는 어떠할까? 조국통일, 민주주의, 독재타도, 노동 해방과 같은 큰 뜻을 위해 인권, 남녀 성평등, 동지에 대한 배려나 사랑 등은 무시하고 오로지 대의를 위해서만 사는 삶, 그 안에서 자신을 다 팽개치고 살아온 삶이다. 그들은 이런 삶을 냉정하게 돌이켜 본 적은 있을까? 그들은 그런 대의가 실패한 이유를 어디에서 찾을까? 그 대의가 실패했다는 것을 인정하기는 할까?

—

    탈주를 하려면 유연해야 한다. 한번 정한 목적이나 목표에 자

◎ 부산 초량동, 2018

왜 사냐고 물으니, 그냥 웃기에
한 번 더 묻는다.
왜 사는지.

© 부산 망미동, 2020

기 스스로를 버리면서, 모든 것을 다 바치면서 매진하는 것은 어리석다. 니체는 이 대목에서 사자와 같이 힘을 기르고 난 뒤, 어린아이와 같이 자유분방하고 가볍게 주변의 모든 것에 얽히지 않고 살아야 한다고 말한다. 차라투스트라는 인간 정신의 발전 단계를 낙타-사자-어린아이의 3단계로 구분한다. 낙타는 사막에서 무거운 짐을 짊어진 채 명령에 복종하면서 어떤 어려움도 참고 버티는 정신을 상징한다. 사막을 달리던 낙타가 어느 순간 명령을 거부하고 주체적 자유를 선언한다. 이것이 사자의 정신이다. 그런데 사자는 새로운 가치를 창조하는 단계로까지는 이르지 못한다. 차라투스트라는 바로 이 무서운 일을 하기 위해 사자가 어린아이로 변해야 한다고 말한다. 그런데 말이 쉽지, 목적과 의지가 없이 그냥 어린아이같이 자유로운 삶을 살 수 있을까? 해야겠다고 굳은 마음을 먹고 사회의 질서와 전통을 거부하고 나가는 것은 이 사회에서는 너무나 어려운 길이다. 사회에서 평범하게 사는 우리 같은 범인이 섣불리 따라갈 수 있는 길은 아니다. 그러면 어떻게 해야 하는가? 여기에서 나는 니체가 말하는 해석의 삶을 원용해 보기를 권한다. 니체를 유일 중심으로 두고 살지 말자는 것이다. 니체를 니체로 해석하되, 그 관점을 '나'에 두어보자는 것이다. 그 안에서 나를 중심으로 하여 주체적으로 목적, 자유, 극복을 익히고 실천하는 것이 바람직하다. 그러니 그 경계나 깊이나 정도는 모두

다 다를 수 있다. 오로지 자신이 소화해 낼 수 있는 힘의 문제다.

———

　이념에 얽매이지 않고, 상황에 따라 태도와 관점을 바꿀 수 있는 유연함을 갖도록, 가능하면 즐기고, 어떤 것에 매진하여 몸을 무겁게 하지 않도록, 누군가와 부닥치고 그로 인해 악연을 쌓았으면 가능한 빨리 풀고, 잊어버리고, 새로운 일로 나아갈 수 있도록, 오지 않은 미래를 걱정하고 두려워하지 않도록, 있으면 있고 없으면 없는 자연을 닮아 살아가자. 어린아이 같기도 하고, 자연 같기도 한 삶, 옳고 그른 것이 아니고 그저 그러는 삶. 그 안에는 능력의 차이, 우열의 구분, 잡아먹고 잡아먹히는 관계가 존재함을 인정하는 삶. 그 이치를 은유적으로 이해하고 해석하고 내 안에서 능력껏 실천하는 것, 그것이 니체적으로 사는 것 아닐까? 원칙은 없고 융통성이 있는 삶으로 살아가야 하는 것이 아닐까.

8. 해석

도덕적 현상이란 존재하지 않는다. 현상에 대한 도덕적
해석만이 있을 뿐이다…….

—『선악의 저편』, 108

이상(理想)은 서양 세계에서는 그 기원이 플라톤의 이데아로
거슬러 올라간다. 그 이데아 세계는 본질의 세계로, 변화가 일어
나지 않는 곳이다. 존재 자체가 절대라서, 해석이 존재하지 않는
세계다. 그런데 지금 우리가 사는 세계가 변하지 않는 절대적 세
계인가? 변하지 않고, 관점에 따라 달라지는 해석이 미치지 않는
것이 있는가? 플라톤식으로 말을 해보면, 이 세계는 완전히 어둡
지도 않고, 충분히 밝지도 않다. 왜냐하면, 만약 그것이 완전히 어
둡다면 아무것도 볼 수 없으니 그 자체로서 어둠의 본질일 것이
고, 빛이 없으니 해석이 존재할 가능성이 없을 것이다. 역으로 완
전히 밝다면 모두가 드러나 하나의 실체가 되는 즉, 하나의 실체

만 볼 수 있으므로 그 어떠한 해석도 존재하지 않는 세계가 되는 것이다.

—

우리는 흔히 해석이란 어떤 사물이나 현상을 발견하고 그것을 인식한 후에 이루어지는 일로 안다. 하지만, 사실은 그렇지 않다. 오히려 우리는 사물을 인식하기 전에 이미 하나의 해석으로 그 사물을 받아들인다. 예컨대, 누군가로부터 말대꾸를 당했다면, 그것도 아침 일찍이 그 일을 겪었다면, 우리는 특히 나이 먹은 사람은 아주 기분 나쁜 일을 겪었다고 말하지만, 사실은 그러한 종류의 일은 기분 나쁜 것이라는 습관이나 어떤 규정에 의해 해석된 것이 내 자신에게 들어와 인식 체계를 점령해서 그렇게 인식한다고 해야 할 것이다. 다시 말하면, 우리는 어떤 새로운 현상을 겪고 난 후 스스로 해석을 하기보다는 이미 이전에 해석되어 전승된 것을 겪고 그 전통에 따라 인식이 따라가는 것이 된다. 그러니 해석조차도 반드시 주체적인 것이라고 말할 수 없다. 스스로 자기 관점을 가지고 해석을 수행하는 사람은 그리 많지 않다. 자기가 내는 목소리라고 하지만 그것이 자기 관점에서 나온 것인지, 신문이나 방송 혹은 전통에 의해 사육된 관점에서 나온 것인지는 의심해 봐야 한다.

이러한 관점과 해석의 문제는 카메라를 들고 거리에 나서는 일에서 아주 잘 볼 수 있다. 카메라를 들고 거리에 나선다는 것은 어떤 장면을 접하고 그것을 내가 원하는 어떤 서사를 위해 해석 하여 전유하는 일을 하러 나가는 것이다. 이런 해석이란 그 대상 에 대한 어떤 생각을 하게 되는 과정으로 들어가고자 하는 것인 데, 결국 생각이라는 것은, 적어도 내게 있어서는, 어떤 고유한 정 적 속에서 이루어진다. 마치 불가에서 중이 화두를 집어 들고 하 는 것이 아닌, 어떤 존재가 우연히 나를 만나 나의 무념 혹은 거 미줄같이 얽혀 있는 생각의 혼란 속에 순간적 파문을 던져 그것 이 새로운 충돌을 일으키는 것이다. 카메라를 들고 나서는 것은 이 우연함과 충돌하는 지점이 만들어내는 불연속성의 파장을 만 나러 가는 것이다. 그리고 그 파장은 많은 사람들이 겪으면서 규 정해 놓은 인식을 벗어나 혹은 그 대상을 만들어낸 사람이 의도 한 바로부터 벗어나 스스로 해석하는 일을 하도록 한다. 그렇게 함으로써 카메라는 대상을 놓고 그 안에서 어떤 본질을 재현하는 것이 아니고, 내 의도대로 해석하여 재현하도록 만드는 것이다. 그래서 카메라로 세계를 보고 대상을 취하는 것은 텍스트가 아닌 해석을 하는 일이다.

카메라를 들고 세계의 단면을 잡아내 해석을 하든, 눈으로 바라보고 글로 옮기든 그 해석의 과정에서 중요한 것은 스타일이다. 누구든 충돌할 때 발생하는 어떤 감정을 밖으로 재현할 때 자기만의 방식이 있기 때문이다. 그것이 스타일이다. 타인의 스타일을 읽고 내 것으로 소화해서 해석할 때 놓쳐서는 안 된다. 그 스타일 없이는 아무것도 재현할 수 없기 때문이다. 이를테면 스타일 없이 재현되는 것은 존재할 수 없는 무중력의 상태일 텐데, 그런 것은 존재할 수 없다. 스타일이란 기호를 통해 그 충돌된 지점에서 발생한 나만의 내적 긴장을 전달하는 것이다. 이와 관련하여 니체는 거북이 걸음 걷는 곳에서 개구리 걸음이나 강물의 흐름으로 걷는 사람이 있다면 사람들은 그를 좀체 못 알아볼 것이라 했다. 독일인이 마키아벨리나 아리스토파네스를 잘 읽지 못하는 이유가 바로 그것이라 했다. 그것이 스타일이고 템포고 뉘앙스다. 그러니 스타일, 템포, 뉘앙스 등을 읽지 못하는 사람의 읽기는 일방적이고 난폭하다. 그것은 다만 겉으로 드러난 의도만 읽을 뿐이다.

그것에 의하면 진리는 단일하고 균질적이고 순수한 것이 된

본다는 것.
살아 있다는 것이고
꿈틀거린다는 것이다.

© 부산 서면, 2016

다. 그렇지만 현실의 세계에서 그런 단일한 것은 존재하지 않는다. 진리라고 하는 것을 카메라로 재현하면, 음영과 색조의 차이에 따라 달라진다. 그것은 순식간에 비(非)진리 혹은 그것을 넘어 존재하지 않는 어떤 가상으로 가버리기도 한다. 그런데 사람들은 그것을 깨닫지 못한다. 아니 완강히 거부하는 것이다. 그러니 그들은 진리와 가상을 서로 다른 양자택일의 대상으로만 생각하지, 그것이 수시로 전환되는 것임을 알지 못한다. 사람이나 사물에 대해 '예'와 '아니오'로, 옳고 그름으로 갈라치기를 할 수는 없는 노릇이다. 그 이치를 거부하면 물 흐르듯 변하는 그 여러 비진리 혹은 가상의 실체로부터 처절한 대가를 치르게 된다. 그것을 가장 잘 이해할 수 있는 것이 시간이다. 사람은 누구나 나이를 먹으면, 시간의 지혜가 생긴다. 그때 눈에 들어오는 것이 내용과 외형이 아닌 스타일이고 그 안에 미묘하게 담긴 뉘앙스다.

———

　해석과 관련하여 사회 변혁에 대해 생각해 보자. 사회주의자들이 추구하는 진보는 실패했다. 그 이유를 딱 하나만 들라고 하면, 나는 두말하지 않고 그들이 계급에 대해 본질론에 빠져 있기 때문이라고 말한다. 가난하고 핍박받는 사람이라고 해서 그들이 선한 존재인 것은 아니다. 그들 가운데에도 이간질하고 고자질하고 비열하고 비굴한 사람들이, 부유하고 군림하면서 사는 사람들만큼이나 차고도 넘친다. 단지 사회적 구조 때문이 아니고 자신이 할 일을 하지 않거나 남과 화합해서 살아가지 못해서 가난한 사람도 많다. 그럼에도 그런 사람들을 굳이 가난하다는 이유 하나만으로, 남에게 빼앗겼다는 이유 하나만으로 선한 역사의 주체로 삼는 것은 합당치 못하다. 핍박받았다는 그 계급성 하나 때문에 그들의 능력을 평가하지도 않고 그들에게 권력을 주거나 그들을 무조건적인 평등의 반열에 올리는 것은 현실을 왜곡하는 것이다. 사회에서 그 프롤레타리아 계급에 속하지 않지만 불의의 현실에 저항하면서 핍박받고, 그 가운데 인간 주체성을 지키고, 현실을 헤쳐 나가는 힘을 지닌 사람들은 얼마든지 있다. 그런 인간이 앞으로 나서는 것이 더 바람직하다. 그런데 그들은 계급을 가변적인 것으로 보지 않고 본질적인 것으로 봤다. 그러니 비현실적이고, 실패할 수밖에 없다.

9. 소통

독일인 중에 내가 최초의 대가가 되는 아포리즘과 잠언
은 '영원'의 형식들이다; 나의 야심은 다른 사람들이 책
한 권으로 말하는 것을 열 문장으로 말하는 것이다——다
른 사람들이 한 권의 책으로도 말하지 않는 것을……
　　　——『우상의 황혼』, 어느 반시대적 인간의 편력, 51

　글을 쓸 때 사람들은 이해되기를 원하는 경우도 있지만, 반드
시 꼭 그렇지만은 않은 경우도 있다. 나 같은 경우, 내 글을 독자
들이 쉽게 이해하기를 원하는 경우도 있지만, 그렇지 않고, 글쓴
이의 의도와 관계없이 독자 스스로 자유롭게 해석할 수 있도록
하는 경우도 있다. 후자인 경우, 대개 철학적이거나 예술과 관련
된 글에서 주로 그렇다. 누구나 이해할 수 있도록 쓰는 경우는 대
중 교양 도서용이겠지만, 그 글을 통해 독자 스스로 생각의 여지
를 넓히기 바라는 경우는 그 사람들 모두가 같은 이해와 느낌을
갖지 않도록 한다. 매우 난해한 글을 써서 독자로 하여금 그 세계

의 밑바닥까지 들어가 홀로 고독하게 해석해 보게 하려는 것이다. 소설가 박상륭이 쓴 『죽음의 한 연구』가 좋은 예다. 산문을 쓰지 않거나 쓰더라도 운문이나 그 비슷한 아포리즘으로 쓰는 경우도 있다. 니체가 바로 좋은 예다. 사진의 예를 들어서 살펴보도록 하자. 분명한 팩트를 전달하고자 하는 경우는 사진의 제목을 확실하게 달아준다. '촛불의 밤'이라거나 '범어사 가는 길' 혹은 '히말라야 사람들'이라거나 하는 따위다. 그렇지 않고 그 이미지를 가지고 그 이미지를 보면 누구나 알게 되는 1차적 의미나 느낌이 아닌 좀 더 깊이 있는 저자의 느낌이나 의미를 전달하고 소통하고 싶은 경우에는 같은 사진이라도 제목이 달라진다. '어디로 가는가?'라거나 '끝이 아닌 시작'이라든가 '인간은 악이다'라는 식으로 제목을 단다.

—

말을 한다는 것, 글이든 이미지든 몸짓이든 그 무엇으로든 말을 한다는 것은 그 주체자의 생각을 전하는 것인데, 니체는 많은 사람이 똑같이 생각하는 것을 탈피해야 한다고 했다. 그 특유의 개체를 중시하면서 평균이나 획일을 벗어나야 한다는 세계관에 의거해 전달하는 방식에서도 해석의 여지를 넓히려는 시도다. 가히 니체답다고 하지 않을 수 없다. 그래서 니체에게 글쓰기의 형식은 자신의 세계관과 외형적인 관계의 문제만은 아니다. 그는 글을 쓰면서 독자를 선별하려고 자신만의 글의 형식을 고안해 냈다. 내용도 맥락적 이해를 추구하는 것이니 형식도 그렇게 맥락적 해석에 맞는 방식을 택한 것이다. 심지어는 자신의 사유를 극화(劇化)하면서 의인화의 단계까지 확장했다. 그러니 독자는 『차라투스트라는 이렇게 말했다』와 같은 경우 한 편의 연극을 보듯 서사까지 함께 읽는다. 그에 따라 그 안에는 자신만의 스타일, 은유, 상징, 기호, 템포, 뉘앙스 등이 춤을 추듯 흐른다. 그래서 그의 글은 자신의 사고 체계와 마찬가지로 물 흐르듯 유연하고 유동적이다. 내용이 상황에 따른 변화, 물 흐르듯 하는 상선약수(上善若水)를 말하려는 것이니, 글도 상선약수 그대로다.

———

시간이 지나면서 내용만 전통이나 도덕으로 굳는 것은 아니다. 그것을 전하고 소통하는 외부 수단인 언어도 시간이 가면서 굳는다. 언어 자체가 하나의 문법이 되고 그 문법은 관습이 되면서 권력이 된다. 한국 사회에만 있는 표준어라는 것이 그 좋은 예다. 표준어를 쓰지 않으면 졸지에 교양 없는 사람이 되어버린다는 것이 얼마나 폭력적인가? 유럽 사회에서도 바이블을 담는 라틴어가 그랬고 고대 인도에서도 힌두교 성서를 담은 산스

_끄리뜨어_가 그랬다. 그래서 유럽에서는 종교개혁 이후 여러 속어로 바이블이 번역되기 시작했고, 인도의 경우 붓다가 산스끄리뜨(Sanskrit)어로 가르치지 않고 대중들이 널리 쓰는 빨리(Pali)어로 가르쳤다. 우리의 경우 최만리를 비롯한 성리학 사대부들이 기를 쓰고 한글 창제를 반대했다. 언어는 관습이 되면 인간의 사고를 제한하고 강제하는 폭력의 수단으로 작동한다. 그러한 언어는 현실을 존재하지 않는 하나의 가상으로 획일화된 상으로 만들어 낸다. 그 안에서 각 개체는 각각의 고유 체험과 인식으로부터 분리 당하게 된다. 그래서 무엇보다도 여러 이질적이고 다양한 생각들을 소통하게 하려면 언어를 문법이나 규범으로부터 자유롭게 열어 주어야 한다. 규정하지 말고, 정의를 내려 제한하지 말고, 느낌을 자유롭게 가질 수 있도록 해야 변화를 추동할 수 있고, 그것이 인간의 본능과 더 잘 맞게 된다. 그것이 바로 니체가 원하는 소통의 방식이다. 결국 니체는 아포리즘으로 말을 함으로써 모든 사람들을 하나로 끌고 가려는 생각을 버렸다. 고독한 철학자의 길이다.

니체는 철학이 관념적이고 형이상학적으로 혹은 이상주의적 담론으로 흐르는 것을 심하게 비판했다. 그것은 현실에 대한 인

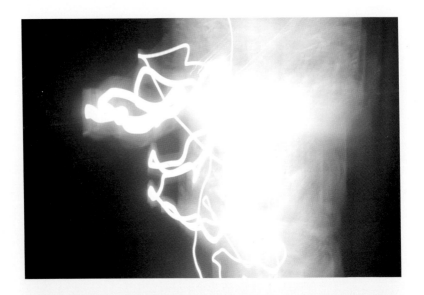

세상이 막히고 헝클어지는 것
자연의 이치다.
누가 어떻게 풀어야 하는가?

식이 아니고, 인위적으로 만든 허구의 세계라는 주장이다. 오랜 시간 전통으로 굳고, 거기에 성인의 말씀이라는 옷을 입혀 사람들을 옥죄는 이데올로기로 작동했다고 생각하기 때문이다. 그래서 그것을 모두 다 파괴해야 한다고 했다. 그 토대의 토대까지 깊이 내려가 하나씩 하나씩 다 파괴해야 한다고 주장했다. 그래서 그의 철학은 소통하는 철학이고 그 소통은 자연의 이치대로, 인간의 본능에 따라 이루어져야 한다고 본 것이다. 마치 중국에서 작위(作爲)를 배격하고 무위(無爲)를 중시하는 노자와 궤를 같이 하는 측면도 있다.

—

니체의 소통은 그 자신과의 소통이다. 그래서 그는 독자를 위해 책을 쓰지 않았고, 그 결과 당시 독자로부터 처절히 외면을 받았다. 스스로 자기 속으로 들어가 은둔해 버리는 것이 그의 철학하는 방식이다. 그래서 그는 완성되지 못한 글을 많이 남겼으니, 그 가운데는 혼잣말로 하는 수준의 글들이 많다. 니체 전문가들에 의하면 특히 출간되지 않은 유고(遺稿)의 경우 자신의 체계와도 맞지 않고 일관성도 없는 혼자만의 메모 수준인 것도 많다고 한다. 그러는 도중에 마지막 10년을 홀로 침상에 누워 있었고, 아무 생각도 남기지 않은 채 죽음의 세계로 갔다. 이로써 우리는 무엇을 얻을 수 있는가? 나는, 니체가 중간 중간에 혹은 말년에 스스로 갈피를 잡지 못하고 흔들리거나 유동적으로 가면서 경계를 허물고 새로운 곳으로 탈주했던 그 세계가 모든 독자에게 자유롭게 열려 있다고 본다. 정답이 있을 수도 없고, 체계에 맞지 않아도 되는 그 세계로 우리 스스로 이주해 가면 될 일이다. 그 허용하는 범위는 스스로 정하면 될 일이다. 이것이 해석을 통해 니체가 보여준 소통의 세계이기 때문이다. 그에게는 진리가 없으니 오류도 없다. 니체는 철학 바깥에서 철학을 했던 사람이다. 독자도 니체의 밖에서 니체의 철학을 하면 될 일이다.

10. 현실

그러나 플라톤에 대한 투쟁, 또는 대중을 위해 좀더 이해하기 쉽게 말한다면, 수천 년에 걸쳐 지속되어온 그리스도교 교회의 억압에 맞서 한 투쟁은——왜냐하면 그리스도교는 '대중'을 위한 플라톤주의이기 때문이다——유럽 내에서 아직까지 없었던 화려한 정신적 긴장을 만들어냈다. 사람들은 이렇게 팽팽한 활을 가지고 이제부터 가장 먼 표적을 맞힐 수 있을 것이다.

——『선악의 저편』, 서문

잔에 물이 절반 찼다고 가정해 보자. 이를 두고, 어떤 사람은 절반'밖에' 차지 않았다고 할 것이고, 어떤 사람은 절반'이나' 찼다고 할 것이다. 언뜻 보면 절반밖에 차지 않았다고 말하는 사람은 비관주의자, 절반이나 찼다고 하는 사람은 낙관주의자라고 말할 수 있으나 사실은 그와 반대다. 전자는 나머지 반을 더 채우려 하는 의지를 가지고 있는 사람이고, 후자는 반이 차 있음을 만족해하는 사람이다. 그래서 전자는 사회에 비판을 많이 하는 사람이고 후자는 범사에 감사를 많이 하는 사람이다. 굳이 비슷한 입장으로 나눠 말해 보자면 전자는 사회운동가들의 입장에 가깝고 후자는 기독교나 불교 신자들의 입장에 가깝다고 할 수 있다. 그 차이는 현실을 어떤 관점으로 받아들이느냐의 문제인데, 그것은 다시 미래와 연관 지어진다. 전자는 현실을 뜯어 고쳐야 미래를 스스로 당겨 오리라 믿는 것이고, 후자는 현실에 감사하고 기다리고 있으면 미래는 어느 날 도둑처럼 온다고 믿는 것이다. 니체는 전자의 입장이고 나도 전자의 입장이다. 당신은 어떤 입장인가?

———

삶을 살아가는 문제의 시작은 현실을 어떻게 보느냐로부터 비롯될 것이다. 그리고 이는 역사적으로 인류의 삶이 비관적으로 흘러가더냐 아니면 조금이라도 더 진보하는 쪽으로 흘러가더냐의 판단과 연결되니, 결국 역사 판단의 문제가 된다. 니체는 비관주의 입장이다. 그런데 니체의 비관주의는 사람들이 일반적으로 생각하는 비관주의와는 결이 다르다. 그는 결국 우리가 최악의 상태에 도달할 것이라는 사실을 말하려는 것이 아니다. 그에게 비관은 용기다. 현실의 최악 상태 즉, 현존재의 심연을 직시하는 것이다. 그때 중요한 것은 거기에 어떠한 환영(幻影)도 없이, 바로 마주할 용기가 있어야 한다는 것이다. 현실에 대한 냉정한 접근, 지금까지 전통으로 쌓인 그 선입견을 떨쳐내야 한다. 그렇게 되면 즉, 니체가 말하는 의미의 비관주의로 무장하면 우리의 삶은 비관적으로 나락에 빠지지 않고 오히려 현실을 극복하면서 주체적 삶이 강화된다. 그런데 이와 반대로 낙관주의는 현실을 냉정하게 보지 못한다. 감사, 희생, 은혜, 자비, 공동체, 조직 등의 이름으로 만들어진 환영에 눈꺼풀이 씐 것이다. 그 환영이 이념이든 이데올로기든 종교든 소망이든 관계없이 그것들은 현실을 틀에 가두어서 보게만 한다. 그 안에 냉철이라는 것은 없다.

———

이 두 가지 상반된 관점 가운데, 우리가 사는 이 세계는 환영에 둘러싸인 낙관주의가 훨씬 널리 퍼져 있다. 그러다 보니 현실이란 있는 그대로의 현실이 아니고, 환영으로 만들어진 현실이다. 그 환영이라는 것은 우리에게 오독으로 인한 확신을 가져다주면서 만족하고 안주하게 만든다. 새로운 조건이나 환경을 만들어내지 못하게 한다. 그래서 범사에 감사하는 것은 은혜가 아니고 저주인 것이다. 그 환영이 바로 '진리'라는 이름으로 칼날을 무디게 하고 부드럽게 하여 현실을 은폐하는 결과로 이끈다. 그에 대해

© 부산 명륜동, 2018

척박한 땅,
꿈이라도 꿔야 살 수 있는 것 아니냐지만
사실, 그건 삶을 포기하는 것이다.

© 부산 보수동, 2018

반발하고 저항하면, 온갖 회유와 강압이 주변 안팎에서 시도 때도 없이 일어난다. 때로는 도덕으로, 때로는 종교로, 때로는 전통의 이름으로 윽박지른다. 요즘 특히 사회 운동을 하는 사람들 사이에서는 어떤 특정 이념이 독점적으로 영향력을 행사하는 경우가 많다. 그것이 노동이든 민족이든 여성이든 그 해방의 이름으로 짜인 틀, 그것은 인간 개체를 그 틀 안에서 사육하고 순응하게 만든다.

———

니체는 이를 현대성의 문제로 결부시키면서, 팽팽한 활을 꺾으려고 하는 것에 비유했다. 니체는 활시위란 팽팽해진 상태로 있는 힘을 한껏 동원해 최대한 멀리 당겨야 하는 것이라고 했다. 그래야 최대한 멀리 화살을 쏴 보낼 수 있는데, 현대인들은 그런 이치를 잃어버렸다고 했다. 유럽의 경우 기독교가 그 긴장을 사랑과 연민으로 이완해 버렸기 때문이다. 그 결과 현대 사회는 독특함이 없는 대중이라는 것으로, 개체 없는 하나의 무리가 만들어졌고, 그것의 성격은 평범하고, 획일적이고, 보편적인 것으로 자리 잡았다. 비단 기독교나 다른 종교 혹은 도덕이나 전통을 따르는 보수주의자들의 문제만은 아니다. 마르크스주의와 진보주의자들도 마찬가지고, 민족주의자들이나 급진적 페미니즘을 따르는 사람들도 전혀 다르지 않다. 그들은 현실에 없는 어떤 이상(理想)을 그려 놓고, 이성을 토대로 하는 낙관으로 그를 이루려는 삶을 산다. 그러한 삶은 이루어질 수 없는 단지 목표일 뿐이다. 그럼에도 그런 삶을 사는 이유는, 그들이 현실을 냉정하게 직시할 힘을 갖지 못하기 때문이다. 그러다 보니 도덕이나 전통을 업고 사는 보수주의자들과 이상을 향해 매진해 가는 진보주의자들이 현실에 대한 태도를 동일하게 갖는 경우가 많다. 현실이 너무 혹독해서 양쪽 모두가 그 현실을 직시하지 못하고, 어떤 틀과 목표에만 의존하도록 만들었기 때문이다. '진리'를 향한 삶. 자기 존재의 포기 혹은 자기 희생. 그것은 다름 아닌 자기 불신에서 나온 것이다. 니체는 이를 두고 자기 파멸의 태도라 했다.

———

요컨대 현실을 직시하지 못하면, 승리할 수 없다. 승리하는 자는 기존의 도덕과 전통에 얽매이지 않는 자다. 한 쪽으로는 자유주의자들이기도 하지만, 사실 그 외에도 범죄자, 파렴치한, 사회 부적응자, 열등한 자 등으로 비난받은 경우도 여기에 포함된다. 이 두 개의 큰 범주 가운데 후자의 경우로 낙인찍히는 것에 대한 두려움이 무척 크다. 그래서 크게는 니체의 관점에 동의하면서도 구체적으로 들어가면 낙인에 대한 두려움으로 거대한 획일성의 대중 덩어리 속으로 들어가 안주하려는 사람들이 다수다. 결국 망치를 들고 기존의 서양 철학을 다 깨고 다닌 니체의 세계관을 전적으로 따르는 것은 이론이나 말과는 달리 실천하기가 여간 어려운 일이 아니다. 단지 철학의 문제가 아니고 현실의 문제로 받아들인다면, 자유와 낙인찍힘의 관계를 어디까지 받아들이는 정도로 설정할 것인가가 결정적으로 막히는 지점이 된다. 그것은 각자의 힘에 따라 달라진다. 힘을 기르는 자는 다가오는 현실에 유연하게 대처하면서 자기만의 방식으로 대처해 나갈 수 있지만, 힘이 없는 사람은 그 틀로 다시 들어갈 수밖에 없다.

얼음이 가까이에 있고, 고독은 엄청나다──그런데도 모든 것이 어찌나 유유자적하게 태양빛 아래 있는지! 어찌나 자유롭게 사람들은 숨 쉬고 있는지! 얼마나 많은 것을 사람들은 자기 발아래 두고 있다고 느끼는지!──내가 지금까지 이해하고 있는 철학, 내가 지금까지 실행하고 있는 철학은 얼음과 높은 산에서 자발적으로 살아가는 것이다──삶의 낯설고 의문스러운 모든 것을, 이제껏 도덕에 의해 추방당해왔던 모든 것을 찾아내는 것이다.

──『이 사람을 보라』, 서문 3

우리가 사는 시대의 미덕은 무엇일까? 범주가 넓은 질문이지만, 먹고 사는 것을 기준으로 생각해 보면, 이 시대는 노동의 시대고 근면의 시대다. 시간이 남지 않게 사용하는 것이 효율의 미덕이고, 마지막 단 1분 1초라도 마른 걸레 짜듯 모든 에너지를 짜내는 근면이 미덕인 시대다. 니체는 근면을 미덕으로 생각하는 현대 문화를 '종교적 본능'을 해체하는 것이라 비판한다. 니체는 종교에 대해 신랄한 비판을 가한 철학자로 널리 알려져 있는데, 사실 그가 비판한 것은 기독교라는 종교이지, 인간 저변에 깔린 종교적 본능은 아니다. 이성과 도덕을 비판하고, 본능을 높이 치는 철학자답게 그는 종교에 관한 인간 본능을 높게 평가했다. 여기에서 그가 말하는 종교적 본능은 경외심이다. 그런데 니체가 말하는 그 경외심을 현대인들은 가치 있게 보지 않는다. 단지, 그 알맹이가 없이 종교라는 틀 안에서 의례라는 껍데기로 포장해 놓은 희생과 자비 그리고 사랑과 연민이라는 탈(脫)인간의 도덕에 열광할 뿐이다. 그 열광 또한 공장에서 생산물 찍어내듯이, 대형 마트에서 생산물을 소비하듯 처리하는 열광이다. 이른바 인간 본능으로서의 종교심은 없고, 그 자리에 죄와 구원을 둘러싼 이상(理想)의 틀로서 종교만 있을 뿐이다. 그렇다고 의례나 관습에 열정적으로 참여하는 것도 아니다. 하루하루가 너무 바빠서 그렇다. 결국, 노동하고 근면한 인간은 최종적으로 소비하는 인간이 된다.

———

　삶이 바쁘고, 무겁다 보니 눈앞에 펼쳐진 우주적 차원의 이치와 그에 대한 외경심을 가질 수 없다. 밤새 내리는 비가 그치고 아침 햇살이 지붕 위로 얼마나 깊숙이 내려와 비치는지, 그 사이 사이에 영롱하게 비친 물방울 사이에 비추인 공기의 모습은 어떠한지, 바람은 어디에서 불어와 어디로 가는지, 이 모든 세계를 주관하는 이치는 무엇으로부터 비롯되는지, 그 너머에 신이 있다면 그 신은 자연과 어떤 관계를 갖는지 등에 대해 생각하는 현대인이 얼마나 있을까? 외경심과 관련하여 그가 단지 하는 일이라고는 경전을 펴고 만들어진 규율과 진리를 머리에 새기고 외워 훈령으로 소지하는 것뿐이다. 외경이라는 본질은 간 데 없고, 외식(外飾)만 남으니, 저급한 제도가 될 뿐이다. 그들은 고귀함이 뭔지 애초에 관심을 두지 않는다. 자신을 존재하게 하고 나아가 지금 처한 문제를 극복하게 하는 어떤 원천, 그것에 대한 두려움과 경외심을 품을 생각이 없는 것이다. 그들은 오로지 제도로서의 종교를 통해 물질과 권력의 관계를 확장시키고 키우고자 할 뿐이다.

———

이런 점에서, 니체는 인민이 교양인보다 훨씬 낫다고 말한다. 교양인은 소위 교양이라고 하는 경외심 없는 외식의 훈령 같은 것으로 무장되다 보니 부끄러움을 감출 수 있다. 그들은 제도화된 종교로 사람과 자연을 이격시키고 사람 안에서 사람을 또 이격시킬 줄만 알지, 사람과 사람, 사람과 자연 사이의 경이로운 관계를 헤아릴 줄 모른다. 외양간에 묶여 있는 소든 마당에서 뛰어다니는 개든, 말 못하는 짐승에 다가서지 못한다. 매일매일 새롭게 다가오는 자연에 대해 마음을 나누는 게 없다. 자신과 본질적으로 아무런 관련이 없는, 오로지 전시 혹은 소유 차원으로만 관계를 가질 수밖에 없는 자신의 밖에 있는 것들, 그것들을 만져보고 핥아보고 쓰다듬고 조사하고 알아보니, 지식은 갖추겠지만, 지혜가 없다. 그것이 '교양'이라는 이름으로 불리며 사회에서 대접을 받게 하는 원천으로 작동된다. 그렇지만 그런 차별의 기준으로 기능하는 지식은 본질적으로 고귀한 것에 경외심을 품고 스스로 삼가는 민중의 마음과 견줄 수 있는 것이 아니다. 이 둘 가운데 후자를 가진 사람을 니체는 자기 내면의 무서운 충동들, 자기심연의 무서운 괴물들을 본 적이 있거나 그것을 예감하는 인간이라고 하였다. 그러면서 그들이야말로 인간을 사랑하기 위해 신을필요로 한다고 했다. 그 신은 바로 아주 단순한 경외심이다. 반면에 현대의 교양인은 잡다함을 섬긴다. 잡다한 것을 소유하는 것이 교양의 속성이기 때문이다. 그래서 니체는 현대인을 잡식 인간이라 불렀다. 잡식 인간은 기능과 효율의 인간일 뿐 실존하는인간은 아니다.

몇 년 전, "열심히 일한 당신, 떠나라"라는 광고가 있었다. 아무것도 하기 싫다, 게으르고 싶다, 격렬하게 게으르고 싶다, 이런 비슷한 광고도 있었다. 현대인들이 일을 너무 많이 하고, 그 일로부터 벗어나지 못하지만, 하루에도 몇 번씩 그로부터 탈출하고 싶은 욕망을 교묘하게 소비로 연결시켜 돈벌이의 수단으로 삼는 아주 간교한 광고다. 그 격렬 정도로 열심을 다해 일하는 것, 그것은 우리가 산업화를 거쳐 나오면서 누구나 칭송하고 찬양한 우리 시대의 미덕이었다. 개인의 생존과 국가의 경쟁력을 동시에 가져오는 최고의 삶의 태도로 자리 잡았다. 그런데 지금은, 저 광고에 나오듯, 열심히 일하는 것이 미덕이 되는 시대는 아니다. 많은 사람들이 열심과 최선의 미덕이라는 신화로부터 빠져나오려 하는 중이다. 치열한 경쟁을 거치다 보니 과거에 비해 잘 사는 사람들이 부쩍 많아졌다. 최소한의 사회적 존재로서 대접을 받는 장치도 국가가 마련했다. 그러니 많은 사람들이 어느 정도 물질적 풍요는 누리고 산다. 물론, 상대적 박탈감이야 말할 필요 없이 존재하지만. 그런데 사람들은 더 불행하다. 그럼에도 그렇게 사는 것이 행복을 가져다주는 것인가라고 반문을 하는 사람이 없다. 사회가 만드는 미덕에 여전히 자신을 버리고 돈과 일의 노예로 사는 것에 대해 근본적인 의문을 던져야 하는데 그런 사람이 없다.

믿음은 바라는 것들의 실상이요 보이지 않는 것들의 증거라, 하니
그것을 바라고 그 이치를 좇아가는가?
그 황금의 땅, 스와르나 부미(svarna bhumi)를.

잠시 떠나는 것 말고 말이다. 당신은 그 근본적 의문을 제기하면서 사는가?

—

　사회는 혹여나 그 노력과 이성과 목표와 성공의 신화가 깨질까 봐 전전긍긍할 뿐이다. 그리고 그것을 추동하기 위해 신화를 작동시킨다. 그 신화에는 가족도 등장하고 공동체도 등장하고 국가와 민족도 등장한다. 그런데 그 어디를 샅샅이 뒤져 봐도 개체 인간은 없다. 그 신화 안에서 개인은 전체를 위한 도구로 쓰일 뿐이니, 부품이 된 개인은 자기 자신을 존중하고 지키는 일을 할 줄 모른다. 그리고 아무도 가르쳐주지 않는다. 아무도 그 치명적인 위험에 대해 입을 떼지 않고, 신화를 향해 나발만 불어댈 뿐이다. 혹시 누군가가 목소리를 낸다면, 열심히 일한 당신 떠나라에서 다만 '열심히 일한'에 방점을 찍을 뿐이다. 힘은 자신을 벼리는데 써야지, 자신을 버리는 데 쓰는 것이 아니다. 자신 외의 다른 목표를 향해 쓰면 사람은 죽고 목표만 사는 것이다. 자신을 위해 쓰는 것, 그것이 타자와 자연에 대한 이해고 그것을 바탕으로 할 때 공감이 형성된다. 그것을 나는 니체가 말하는 경외로 이해한다.

12. 자유

> 정신도 한때 너는 해야 한다를 가장 신성한 것으로서 사
> 랑했다. 하지만 이제 정신은 가장 신성한 것에서도 미혹
> (迷惑)과 자의(恣意)를 찾아내야 한다. 그의 사랑으로부
> 터 자유를 강탈해 내려면 말이다. 그리고 바로 이러한 강
> 탈을 위해 사자가 되어야 하는 것이다.
> ──『차라투스투라는 이렇게 말했다』, 세 가지 변화에 대하여

일의 노예로, 사회가 정한 어떤 가치의 이름으로 만들어진 도
덕 혹은 이념 안에서 지치게 살아가는 일상. 거기에서 벗어나는,
그래서 바닷가 파도가 넘실거리거나 대나무 숲 위로 햇살이 한
줄기 들어오는 일상의 바깥으로 떠나는 것이 자유인가? 혹 아니
라면, 우리에게 자유는 무엇인가? 니체는 '개인적 자유의 보호'라
는 거창한 명목을 달고 있는 소극적 자유가 지향하는 것은 저급
한 욕망 추구에 불과하다고 단언한다. 그것이 저급한 이유는 각
개인의 능력과 힘에 대한 의지는 사라지고, 정해진 시대적 틀에

따라 즐기는 차원의 삶을 누리는 것일 뿐이기 때문이다. 그 소극적 자유에서는 겉으로는 누구나 구속이나 강제 없이 자유롭게 사는 것으로 보이지만 사실 자유로운 활동은 표면적인 것일 뿐, 실제로는 주체적 의식이 상실된 상태고 결국 그것은 제도에 대한 복종일 뿐이다.

———

　같은 맥락에서 마르크스주의나 사회주의같이 어떤 보편적 본질로서 상정된 자유 개념 또한 마찬가지다. 그것은 무산 계급 프롤레타리아가 세운 정치·사회적 질서를 정당화해 준다는 차원에서 전형적인 천국을 상정한 기독교적 세계관과 동일하다. 사회주의 체제나 기독교 신앙 안에서 인간은 균질하게 평균적으로 획일화된다. 이를 니체는 일종의 기계적인 노예로 본다. 니체는 기독교의 '최후의 심판'이나 마르크스주의의 '사회주의 혁명'은 주체가 사라진 위에서 설정된 복수라는 달콤한 위안에 불과하다고 했다. 같은 맥락에서 니체는 정치적인 평등을 절대선(善)의 가치로 평가하는 민주제도 마찬가지 차원에서 비판했다. 민주제는 '만민이 평등한 사회'를 이상으로 설정한 것이다. 따라서 그것 또한 이룰 수 없는 상태에 묶이고 그 안에서 니체 특유의 개체성이 약화된다. 무엇보다도 그 개체성이 극대화되면서 최대한의 힘과 의지를 발휘할 수 있는 가능성을 봉쇄해 버린다. 개체 간의 차이란 있을 수밖에 없는 것인데도 인정하지 않는 무리수를 둔다. 니체의 말에 따르면 민주제가 추구하는 모든 사람의 행복은 나약하기 짝이 없는 것이다. 모두가 비범성을 제어하고 평균치에 수렴하는 것이 바람직한 것이 되기 때문이다. 그래서 민주제는 인간을 무력하게 하고 허무주의에 빠지게 한다. 그러니 전적으로 위선일 뿐이다. 개인의 차이를 잘못된 것으로 간주하면서 사회의 약자에게 평등이라는 이상을 주입한 것은 결국 전체의 이름으로 개인을 획일화시키는 행위에 불과하다.

—

자유와 평등에 대한, 심지어는 민주제까지 겨냥한 니체의 이러한 극단적인 반(反)평등주의적 원리는 일단은 그가 내세우는 위버멘쉬에—대부분 '초인'으로 번역하지만, '초인'이 갖는 수퍼맨, 초월자 등의 의미와 너무나 달라서 원어로 그냥 쓰는 게 낫다는 전문가들의 의견을 따라 '위버멘쉬'라 쓰기로 한다. 위버멘쉬는 도덕, 전통, 종교 등을 깨고 나와 인간 정신의 한계를 극복하려 한 인물이다.—해당하는 문제라서 우리 같은 범인이 현실적으로 그 정도의 수준까지 도달할 수 있을지에 대해서는 회의적이다. 하지만 그 어느 경우든 철학적 인식이란 어떤 진리를 향해 존재하는 게 아니고 그것을 얼마만큼 실천할 수 있느냐의 문제여야 한다면, 그 위버멘쉬의 존재와 가치는 개체적이고 상대적으로 정할 수 있다.

———

니체의 '자유'에 관해, 가장 중요한 것은 개체적으로 서지 못하면 자신이 속한 가족이든 공동체든 국가든 민족이든 그 집단은 자신의 희생으로 득을 보지만 자신은 아무것도 얻지 못한다는 사실이다. 그런데도 그는 여전히 정신 승리에 취해 빠져나오지를 못한다는 사실이 중요한 의미를 지닌다. 심지어는 그 집단들이 어떠한 방식으로든 자신을 강제하고 착취하는 걸 알면서도 그로부터 빠져나오지 못한다. 희생당한 사람은 언제까지나 자신이 희생물임을 알지 못한다. 본인 스스로가 희생을 충동질하는 것임을 알아차리지 못한다. 그저 그 안에서 허우적거리는 것만으로 만족하면서 살 뿐이다. 그 자체를 깨부술 의지도 힘도 없이 그저 사육되면서 살 뿐이다. 잠시 휴식하면서, 그것이 힐링이라고 자족하는 것, 오직 그것뿐이다. 겉으로는 더 잘살기 위해서라지만, 무엇이 잘사는 것인지를 모르니 그냥 하는 텅 빈 소리일 뿐이다.

© 부산 해운대, 2010

분출하는 것인가?
침잠하는 것인가?
당신은 자유를 어디에서 찾는가?

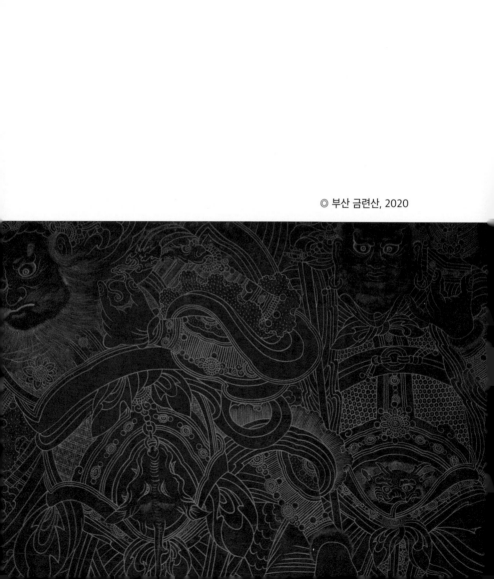

실천적 차원을 고려해 볼 때 니체에 의하면 이것은 '소수'에 관한 문제로 특이성과 관계하는 것이다. 소수성이란 숫자의 문제가 아니라 한 사회를 지배하는 척도와의 거리로 정한다. 자신이 속한 사회를 지배하는 척도 즉 남성, 정규직, 전통/도덕, 자본주의 능력 등에서 얼마나 많이, 얼마나 멀리 떨어졌느냐에 따라 소수성이 정해진다. 그 사회 가치로부터 떨어져 독립적으로 존재한다는 것이 바로 소수성이다. 그렇다면 소수성은 결국 저항과 고독의 삶이다. 대중성, 일반성, 규율과 질서, 자기 포기와 공동체 수호 등의 가치를 지키고 그 위에서 관계를 확장시키는 것이 일반적인 사회와 정치의 원리다. 거기에서는 위에서 내려오는 명령을 거부하지 않고 시키면 시킨 대로 바로 실행하는 추종자를 키우는 것이 인간 경영의 진리다. 이런 길에 저항하라고 소리를 지른 이가 니체다. 결국 니체가 가야 한다고 설파한 길, 그 자유정신의 길은 개체가 독립적이고 스스로에게 강하게 명령하는 자가 택한 길이다. 붓다의 가르침, "무소의 외뿔처럼 혼자서 가라."는 것이 바로 니체의 자유정신이라고 하면 크게 잘못 이해하는 것은 아닐 것이다.

그러면 현대를 살아가는 우리가 니체가 말하는 자유정신을 따르면서 살아가려면 구체적으로 어떻게 해야 하는가? 우선, 자유는 평범하고 대중적이고 다수적인 것, 모든 사람이 떠받들어 대는 것들, 명예, 돈, 관직, 관능 등을 추구하는 것에 머물러서는 안 된다. 그 대신 대중의 이치를 거부하면서 홀로 서는 인간, 고독한 인간, 묵묵히 걸어가는 길을 택해야 한다. 자신을 실험하는 사람이고, 시도하는 사람이다. 그로써 미래를 스스로 열어가는 사람이다. 그러기 위해서는 무엇보다도 우리 자신이 어딘가에 매여 자신을 희생하고 있지 않은지 살피는 것이 우선적으로 필요하다. 그 누군가라고 하는 것은 가족일 수도 있고, 공동체일 수도 있고, 국가일 수도 있다. 다른 관점에서 보면, 특정 학문일 수도 있고, 사랑과 희생의 종교일 수도 있다. 그럴 때마다 나는 나 자신에게 물어야 한다. 나 스스로를 잃고 그 위에서 다른 이를 위해 헌신하는가? 만약 그렇다는 대답이 나온다면, 그것부터 중지해야 한다. 그것이 니체가 말하는 다이너마이트 같은 자유의 삶이다.

13. 영원

어느 날 낮 또는 밤에 한 악마가 가장 깊은 고독에 잠겨 있는 그대 뒤로 살며시 찾아와 다음과 같이 말한다면, 그대는 어떻게 하겠는가! '너는 네가 현재 살고 있고, 지금까지 살아온 생을 다시 한번, 나아가 수없이 몇 번이고 되살아야만 한다. 거기에 무엇 하나 새로운 것은 없으며, 모든 고통, 모든 쾌락, 모든 사념과 탄식, 네 삶에서 이루 말할 수 없이 크고 작은 온갖 일들이 다시 되풀이되어야 한다. 게다가 이것들이 모조리 똑같은 순서와 맥락으로 되돌아오는 것이다──이 거미도, 나무 사이의 달빛도, 지금 이 순간도, 그리고 나 자신도, 존재의 영원한 모래시계는 언제까지나 다시 뒤집어져 되풀이되고, 그와 함께 미세한 티끌에 불과한 너 역시 같이 되풀이될 것이다. 그대는 땅에 엎드려 이를 악물고서, 그렇게 말한 그 악마를 저주하지 않을 것인가? 아니면 갑자기 무시무시한 순간을 경험하고는 악마에게 '너는 신이다. 지금까지 이보다 더 신성한 이야기를 나는 듣지 못했노라!'고 대답할 것인가. 이러한 생각이 그대를 지배한다면 그는 현재 있는 그대로의 그대를 변화시킬 것이며, 아마 분쇄해 버릴 것이다. 모든 일 하나하나에 행해지는 '너는 이것이 다시 한번, 또는 수없이 계속 되풀이되기를 원하느냐?'라는 질문은 가장 무거운 무게로 너의 행위 위에 얹힐 것이다! 과연 이 최종적이고 영원한 확인과 확증 말고는 더 이상 어떤 것도 원하지 않으려면, 그대는 얼마만큼 그대 자신과 인생을 사랑해야 할 것인가?

——『즐거운 지식』, 341

아버지는 14년 전에 돌아가셨다. 요양병원에 몇 개월 계셨는데, 마지막으로 하신 말씀은 고향 마을에 한 번 데려다 달라는 거였다. 어머니는 그런 쓸데없는 말을 하지 마시라며 짐짓 마음 약해진 아버지가 못마땅하다 하셨다. 그러다 병세가 급작하게 악화되어 아버지는 고향 마을을 가보지 못하시고 눈을 감으셨다. 어머니는 크게 후회하셨고, 나는 그게 무슨 차이냐, 어차피 죽음은 다 끝이고 무(無)로 돌아가는 것이다, 가보면 뭐하고 안 간다고 죽음 앞에 뭔 차이가 있느냐며 애써 어머니를 위로해 드렸다. 하지만, 사실 그냥 위로 차원으로 하는 말은 아니었다. 나에게 죽음은 모든 것이 사라져버리는 것이다. 천국에 부활도 없고, 극락에 윤회도 없다. 모든 것이 산 사람들이 지어낸 자기 위로 차원의 개념이다. 종교는 다름 아닌 고도의 도덕 체계이고, 그것은 전적으로 사람이 만든 인위적 사고 체계일 뿐이다. 그것이 권력이 되어 사람들을 옭아매면서 마치 실재하는 것처럼 보이지만 그냥 허구일 뿐이다.

———

삶과 죽음은 개념의 문제가 아니고, 실천의 문제다. 그래서 그것은 현실을 대하는 주체의 문제다. 초월적 세계를 거부하는 것은 단 한 가지 이유에서다. 그것이 현실이 아니기 때문이다. 현실을 가장 중요하게 여기는 내 경우, 제사 때 잘 먹으려고 지금 굶을 수는 없다. 초월 세계를 위해 지금 여기의 삶을 포기할 수 없는 이유가 바로 그것이다. 더군다나 그나마 제사는 배불리 먹는 현실이라도 존재하는 분명한 실체지만, 천국은 완전히 만들어진 허상이다. 우리가 사는 이 세계를 절대 긍정해야 하는 이유가 바로 여기에 있다. 현실을 대체할 수 있는 것은 없다. 이 절대적 현실 긍정이 바로 니체가 말하는 영원이다. 아주 쉽게 말하자면, 기독교의 신이 있어야 할 자리에 신이나 초월 존재가 아닌 현재의 현실을 중심으로 삼아 미래의 시간이 회귀하여 영원이 되어 자리하는 개념

보이는 것이 실재하는 것인가?
섞여 있다가 이내 사라져 버리는 것.
카오스인가 코스모스인가?

이다. 그래서 그 영원이라는 것은 다름 아닌 현재의 힘과 의지의 총체인 것이다. 힘과 의지로 현실을 둘러싼 온갖 난관을 극복해야 미래를 현재로 당겨온다는 것이다. 그것이 영원회귀다.

———

이쯤 되면 니체의 '영원회귀'는 시간을 차원으로 생각해 볼 때 붓다의 연기론과 비슷하다. 만물은 끝없이 생성하고 소멸하면서 장구한 세월 속에서 되풀이하여 순환한다. 그러니 붓다와 마찬가지로 니체의 영원도 단순한 운명론이 아니다. 영원한 순환이라는 우주적 시간 속에서 자신에게 주어진 현재의 삶을 어떻게 살아가느냐는 실존의 문제다. 결국 이는 시간의 문제인데, 니체의 시간은 처음과 끝이 있는 직선의 시간도 아니고, 기독교에서 말하는 로고스 하나로 시작하고 귀결되는 단일성의 문제가 아니다. 무한한 시간 속에서 복합적이고 이질적인 실체들이 순환되는 복합과 중층의 문제가 된다. 그것을 '지금 여기'의 문제로 치환해보면, 결국 시간과 실체에 대한 해석의 문제가 된다. 이를 사회적으로 말해 보자. 현재의 실체는 이성이라는 단일 주체가 분명하게 규정하는 어떤 질서를 목표로 삼는 것이 되어서는 안 되고 중심과 변두리가 없는 원 안에서 모든 개체가 주체가 되어 감성과 정신으로 다양하게 해석하도록 구성되는 것이 실체가 되어야 한다는 것이다. 생물학적으로 젊다고 해서 젊은 것이 아니고, 늙다고 해서 늙은 것이 아니다. 젊다는 혹은 늙다는 것을 생물학적 관점 말고 여러 층위와 차원에서 다양한 관점으로 해석하면서 파악해야 한다는 것이다. 살아 있다고 삶이 아니고 죽어 있다고 죽음이 아니라는 말, 삶과 죽음은 결국 서로 간의 하나의 일부라는 말을 받아들일 수 있는 것, 그러한 관점과 해석 중심의 세계관으로 현실을 밀고 나가는 것이 니체가 추구하는 영원회귀다.

—

　조금 더 구체적으로, 우리의 일상과 관련해서 생각해 보자. 우리는 항상 뭔가를 욕망하고, 그것을 성취하기 위해 매진한다. 그런데 그 욕망을 성취하고 나면 누구에게나 권태가 오기 시작한다. 욕망이 이루어져 일상이 되면서 삶은 루틴에 빠지고 일상은 지루해진다. 그러면서 삶이라는 것이 본질적으로 가치가 있는지 회의하거나 느닷없이 태생적으로 죄인이라는 생각에 빠진다. 그리고 또 다른 욕망이 생기고 그것을 극복하거나 좌절한다. 고통에 대해 과민하게 반응하면서 고통을 피해야 한다고 두려워할수록 고통에 빠지는 것이다. 니체는 다가오는 고통을 부정하거나 거부하지 말고 받아들이라고 말한다. 고통은 또한 지혜를 지니고 있으니 그것을 달리 보면 행복이기도 하다. 여기에 고통은 영원히 피할 수 없는 것이니 달리 무슨 방법을 계발하려 하지 말고 그냥 고통 그 자체로 받아들일 것을 바란다. 현대인에게 감기와 같이 따라 다닌다는 우울증에 대한 처방은 바로 이런 니체의 고통에 대한 관점과 동일하다. 밀려오는 우울을 인정하는 것이 그로부터 벗어날 수 있는 방법이다.

—

결국 고통은 영원의 시간 속에서 끊임없이 반복되기 때문에 끊이지 않는다. 니체는 이렇게 봤다. 고통이란 결국 욕망과 성취의 반복에서 나온 것이다. 그러니 고통이란 영원한 삶의 사이클에 대한 긍정의 문제다. 그것이 동일한 반복의 영원회귀다. 그런데 엄밀하게 말하자면, 그 동일하게 보이는 것은 더 이상 동일한 것이 아니다. 차원이 다른 여러 요소들이 작용하면서 특히 필연만이 아니고 우연까지 작동하면서 어떤 차이가 발생한다. 그 차이는 영원한 순환의 과정이기 때문에 그 영원회귀는 지금의 나와는 다른 나, 곧 지금과 다른 또 다른 실존을 시도해야 하는 것이다. 그러므로 그 시도는 서로 다름을 긍정해야 하는 것이다. 결국 시간은 실존으로 영원회귀를 하기 때문에 그 어떤 현실이라도 받아들이고 그것을 극복하려는 강인함으로 살아야 한다. 그 고통과 시련에 익숙해지거나 종속되지 말고 말이다.

14. 극복

그대들이 세계라고 부르는 것, 그것은 우선 그대들에 의
해 창조되어야 한다. 이 세계는 그대들의 이성, 그대들의
심상(心像), 그대들의 의지, 그대들의 사랑 안에서 만들
어져야 한다! 그대들 인식하는 자들이여, 그러면 그대들
은 그대들의 행복에 도달하게 되리라!

　　　　　—『차라투스트라는 이렇게 말했다』, 행복의 섬에서

　대학생들에게 인생을 어떻게 살 것인가를 가르치는 것은 참
곤혹스러운 일이다. 전체적으로 볼 때, 나는, 젊은이들이 삶을 살
아야 하는 태도는 주로 니체가 설파하는 바에 따라 실존, 주체, 저
항, 독립, 현실, 관점, 해석 등을 기준으로 우리 현실에 맞게 고쳐
서 가르친다. 니체의 철학은 다른 철학자들의 고담준론과 달라서
젊은이들이 현실을 살아가는 데 많은 시사점을 던져주니 참 좋
다. 그런데 결정적으로 어려운 부분이 있다. 그는 현실에 순응하
고 조직과 틀에 맞춰 사는 것을 거부하라고 한다. 그런 태도는 사

회생활 하는 데 독약이나 다름없다. 차라리 사회는 니체가 하지 말라는 방향의 삶을 요구한다. 이 두 가지가 충돌하는 지점에서 그들을 어떻게 가르쳐야 하는가? 저항하면서 극복해야 하는가, 순응해야 하는가? 니체가 살아보지 못한 이 험악한 경쟁 만능, 인간이기를 포기한 자본가의 무한 약탈의 정글에서 말이다. 니체가 지금 이 정글의 사회에서 살았을지라도 보편적 틀과 규율에서 무능력하게 나락에 떨어진, 그래서 개돼지만도 못하게 취급당하는 젊은이들에게 규율과 틀에 개체적으로 저항하며 난관을 극복하며 앞으로 나아가라고 말할 수 있었을까?

———

　니체의 삶은 극복하는 삶이다. 주어진 운명이든 둘러싼 관습이든 그것을 극복해야만 현재와는 전혀 다른 새로운 미래가 열린다. 니체는 그 장애물을 신을 중심으로 하는 도덕 체계로 파악했고, 신이 죽었음을 선포함으로써 실존 인간이 독립해야 함을 설파했다. 그리고 그것을 극복하는 이상적 인간을 위버멘쉬라고 정의했다. 위버멘쉬가 극복하는 것은 현실에 대한 포기나 신비의 세계로의 귀의가 아니다. 그러니 전통적 개념의 수도승이나 은둔자는 이 위버멘쉬에 포함될 수 없는 존재다. 물론 세상 권력을 쥐고 흔드는 초인도 위버멘쉬가 아닌 것은 두말할 필요가 없다. 그러니 히틀러가 악용한 니체의 위버멘쉬는 니체의 의도와는 아무 관계가 없다. 다만 히틀러가 인종주의자였던 니체의 여동생과 함께 조작한 것이다. 그 둘 가운데 초인을 따르는 자는, 니체가 비난하는 신을 따르는 자와 다를 바 없다. 그들은 기존의 신을 죽이긴 했으나 그 자리에 새로운 신을 만들어 안치해 두었다. 그들은 종교를 버리고 인간을 세우지 않고 새로운 종교를 세운 것이다. 그 안에서 필요한 것은 인간을 죽이는 허무함이다. 위버멘쉬는 신을 대체하는 초인으로서의 인간도 아니고, 인류를 구하는 슈퍼맨도 아니다. 누구든 자신에게 주어진 운명의 고난을 극복하면서 난관을 헤쳐 나가는 존재가 위버멘쉬다. 신이 전지전능과 편재 혹은 자연의 상상물이듯 위버멘쉬는 극복하는 인간의 상징물이다.

———

니체의 위버멘쉬는 허무주의를 극복할 수 있는 인간이면서 동시에 가장 건강한 인간의 상징이다. 신체, 자유, 해석, 주체, 개체와 같은 인간이 갖춰야 할 긍정적 개념을 총체적으로 모아놓은 개념이다. 보기에 따라서는 신과 같은 인간으로 볼 수 있겠지만, 그 위치가 전적으로 다르다. 그렇다면 위치상으로 볼 때 위버멘쉬는 초월적 존재로서 신과 같은 초인이 아니고 현실 속에서 저런 여러 자질을 끈질기게 완성해 나가는 평범한 한 실존의 개체

멀리서 백마 타고 오는 게 아니다.
흔하고 흔한 세상 안에 개백정같이 사는 그 삶 속에
위버멘쉬가 있다.

© 부산 우동, 2020

© 부산 연산동, 2020

다. 나는, 이렇게 해석한다. 그러니 위버멘쉬는 어쩌면 완료형이 아니고 주어진 난관을 극복해 나가는 진행형인지도 모른다.

―――

니체가 말하는 극복을 좀 더 구체적인 삶에서 생각해 보자. 극복에 대해 우리가 현실에서 적용할 수 있는 범주를 찾아보자는 말이다. 니체의 극복은 자기 삶에 대한 긍정이고, 그 긍정은 소극적 의미의 생존이 아니라 적극적 의미의 도전이다. 따라서 그 도전은 어떻게든 살아남아야 한다는 차원이 아니다. 살아남는 것은, 니체의 눈에는, 소극적이다. 살아남아야 하는 본능을 넘어 독립된 개체로서 새로운 차원의 삶을 만들어내야 한다. 그 독립은 익숙해져 있는 모든 것으로부터 결별하는 것으로 시작하여 붓다가 말한 바와 같이 천상천하에서 주체적 개인으로 홀로 존재하는 것이어야 한다. 이를 이해하기 위해서는 주변의 뭇 사람들, 그들에 대한 사랑과 자비와 동정으로부터도 독립해야 한다. 자기 자신이나 그들을 향한 사랑과 자비의 동정이 난관의 극복과 그 후의 변화를 가로막고 있음을 깨우치는 것이 무엇보다도 필요하다. 그러고서는 어느 한 틀에 안주하지 말고, 중심으로부터 벗어나 끊임없이 탈주하는 것이 위버멘쉬로서 현대인이 갖추어야 할 태도다.

―

　네모반듯한 삶은 결국 낭비고 권태다. 삶의 알맹이는 사라지고, 껍데기만 남는 것이다. 자신을 세우지 못하고 남에 대한 동정이나 사랑으로 사는 것은 위선이다. 숱하게 많은 교회, 절 그리고 자선단체 등이 행하는 행위가 사랑인지 위선인지는 이 시대를 주의 깊게 지켜보며 사는 사람은 결국 간파할 수 있다. 국민을 위한다는 정치도 마찬가지다. 그것이 사랑의 탈을 쓴 위선이라면 그 행위들은 이 사회에서 한 개개인을 바꿀 수 있는 에너지원이 될 수 없다. 그냥 그 자리에서 만족하여 안주하는 엔터테인먼트 소재가 될 뿐이다. 사람들은 그것을 제대로 파악하고 극복해 나가야 하는데, 그 안에 사로잡혀 포로가 된 채로 살기를 더 좋아한다.

―

　글 서두에 말한 바로 돌아가 생각해 보자. 지방 사립대에 다니는 청춘들에게 그들을 둘러싸고 있는 관습과 질서가 정하는 여러 가치 평가의 틀을 깨부수고 나가라고 하는 것은 니체의 위버멘쉬가 되고자 가는 것과 동일할 것이다. 그러나 각 상황의 맥락에 따라 개념이 질적으로 달라질 수밖에 없다. 나는 니체가 말하는 위버멘쉬는 역사적 맥락에 따라 달리 규정되는──이 개념은 니체가 아주 강조한 것이다──것이 더 합리적이라고 본다. 스스로 자기 해석에 따라 수위와 정도를 조절해서 자기 삶에 맞추어 만드는 것이라고 보기 때문이다. 결국, 어떤 상황에서도 질적으로 동일한 하나의 위버멘쉬 상(像) 혹은 모델이란 존재하지 않아야 니체의 위버멘쉬라고 할 수 있다. 위버멘쉬는 다 상대적 존재로 이해한다. 그래서 우리에게 위버멘쉬는 우리 사회나 정치의 리더가 아니다. 예수 시대에 히브리 땅에서 그들이 간절히 바라던 메시아가 아니다. 누구나 범접할 수 있는 기존의 틀에 저항하고 극복하는 주체적 인간일 뿐이다. 그렇지 않다면, 사회 속에서 살아가야 하는 대중에게 니체의 위버멘쉬는 하등에 아무런 가치가 없는 허탄한 관념에 지나지 않는다. 니체 같은 현실주의자가 그것을 설파했을 리 없다. 위버멘쉬는 자신에게 주어진 난관을 극복하는 모든 작은 인간을 의미하며, 지방 사립대 학생들도 얼마든지 도달할 수 있는 인간의 단계라고, 나는 믿는다. 적어도 그것이 이 짐승 같은 21세기 한국 사회에서 찾는 위버멘쉬다.

15. 지식

슬프다! 인간이 동경의 화살을 더 이상 자신의 너머로 쏘지 못하고, 윙윙거리며 활시위를 울리게 할 줄도 모르는 그런 때가 머지않아 오겠구나!

그대들에게 말하거니와, 춤추는 별을 낳으려면 자신 속에 혼돈을 간직하고 있어야 한다.

—『차라투스트라는 이렇게 말했다』, 머리말, 5

인간을 한정 짓는 많은 명구들. '생각하는', '도구를 만드는', '위계의', '놀이하는' 등 많고 많은 것들 가운데 지금 여기, 이 나라에 가장 잘 어울리는 것은 무엇일까? '욕망하는'이 아닐까? 누구의 말을 패러디 해보면, 세상은 넓고 천재는 참으로 많다. 그 천재는 전교 1등을 하고 서울대를 가거나 미국 아이비리그 대학을 가는 것으로, 판검사나 의사가 되어 강남에 아파트를 사서 삶을 구질구질하지 않게, 시크하게 살아가는 사람들일 것이다. 그 천재는 암기와 계산을 잘하고, 성실하고 참을성이 좋아 어린 나이에도 선행 학습을 잘해 내고, 집단 규율을 잘 지키고, 모질기까지 해 험난한 경쟁에서 승리를 거머쥐는 사람이다. 그런데 독특한 자기 의견이 없고, 창의성이라는 것은 아예 가능성마저 제로라서 주체 적 인간으로는 크게 미달한 사람이다. 그들은 주체적, 실존적 인 간에 대해 괘념치 않는다. 그렇지만 그들이 택한 삶의 방식이 뭇 사람들이 따라야 할 모델이 되고, 그들이 살아온 경쟁에서 이기 는 방식은 우리 모두가 소비해야 할 샘플로 자리 잡는다.

———

그들 소위 천재가 주는 폐해 가운데 가장 심각한 것은 그들의 천박한 지식이 다른 고급 지식들을 쫓아내 버리는 일이다. 그러 면서 우리의 지식 세계가 그 천박함으로 획일화되어 버린다. 그 들의 지식은 삶이나 인격과는 아무런 관계를 만들어내지 못한 채 오로지 물질을 모으는 데만 쓰이고 그것을 소비하는 데만 유용하 게 된다. 그것도 이 나라에서만 유독 영향력이 커진 매우 정교하 게 획일화된 객관적인 정보 기술일 뿐이다. 그 지식이라는 것은, 니체식으로 말하자면, 철저하게 자기를 부정하는 것이고, 비인격 화하는 것을 목적으로 삼는 것이다. 객관이라는 이름으로 과학을 수단으로 삼아 그것의 적실성을 증명하면서 이제는 학문이라는 지위까지 부여받지만, 사실 기술일 뿐이다. 그리하여 이제 우리가 사는 이곳은 지혜를 사랑하는 길은 어느덧 쓰레기 처리장에 처박혀 버리고, 객관과 증명만이 유일신이 되었다. 이른바 공리주의이자 사회과학이 모든 지식의 외경의 대상으로 우뚝 섰다.

———

널리 통용되는 객관의 진리는 오로지 하나로 존재한다는 주장은 플라톤에서부터 시작하여 기독교를 거쳐 근대성과 과학이 보장해 주면서 오늘날 무소불위의 권력으로 탄탄하게 자리 잡았다. 그러면서 현대인의 행위를 결정하는 기저 세계관이 되었다. 그 독단의 세계관은 여러 관점과 해석들을 부인하는 절대의 철옹성을 쌓았다. 진리란 '그렇게 보이는' 것이 아니고 '실제로 그런' 것이라는 지식이다. 사실, 실제의 현대 사회는 더 이상 그렇게 단일할 수만은 없지만, 허구의 힘에 밀려 자리를 잡지 못한다. 어떤 초월성에 의해 본질이 결정되어 변화하지 않는 신앙을 주장하는 사람들이 막강한 힘을 발휘한다.

———

하지만, 그 절대성의 유일 독존 위치가 지금 학문의 세계에서는 많은 도전을 받고 있다. 이른바 '포스트' 시대가 시작되면서 기존의 세계관에 큰 균열이 생긴 것이다. 한국 사회에서도 균열

◎ 부산 서면, 2016

배워서 남 주냐는 말에
배워서 남 줘야지라고 대꾸하는 그 말에,
실존 인간의 삶이 있다.

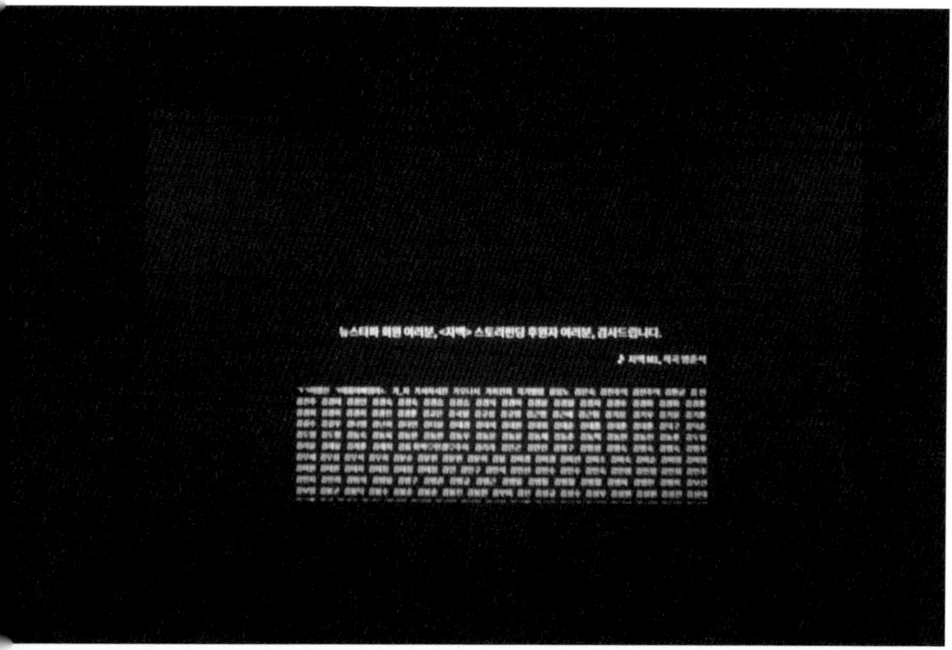

© 부산 센텀시티, 2016

의 조짐은 어렵지 않게 눈에 띈다. 실제 사회에서 그렇다. 과거 누구나가 갈망하는 절대적으로 변할 것 같지 않은 부와 출세의 길이 과거와 같이 엄청난 갈망의 대상으로 인정받았던 시대는 갔다. 고시 열풍은 사라지고, 서울대 나와서 9급 공무원 하면서 가늘고 길게 사는 길을 가는 사람이 당당하게 나오는 세상이다. 어차피 권력이라는 것이 과거와 같이 무소불위의 성질을 갖지 못한다는 엄청난 사회 변화에 따른 결과라 할 수 있을 것이다. 대통령의 아들이 가난한 예술가의 길로 간다. 많은 젊은 여성이 결혼을 거부하고 혼자 사는 삶을 택한다. 그런 삶들이 세상의 기준으로 볼 때 옳은 것인지 그른 것인지 판단할 수는 없다. 다만, 어떻게 살 것인가의 문제를 자기 관점으로 푼 결과다. 그 길을 가는 사람들은 니체가 통렬하게 비판한 사회에서 다수가 특히 부모가 관습적으로 정해 내려준 틀의 기준을 깨고 나간 사람들이다. 그럼에도 여전히 많은 사람들은 톡 튀어나온 못같이 사는 사람들을 경원하고 싫어한다. 무난하지 못하고 원만하지 못하다는 이유로. 그러나 그 힘은 예전과 같이 막강하지는 않다. 도처에서 작은 위버멘쉬들이 각자 자기의 길에서 주체적이고 실존적으로 삶을 살아가기 때문이다. 그러나 세계는 여전하다. 파괴의 힘과 반대로 작동하는 유지의 힘도 여전히 막강하다. 4년제 대학만 나오라는 부모의 간청에 순종하며 살아가는 대학생 아이들, 아홉 번 아니라

아흔아홉 번이라도 고시를 패스해야 한다는 일념으로 야망을 불태운 어떤 검사, 유능함으로 인정받고 싶은 혹은 성실함으로 뿌듯해하고 싶은 욕망에 일을 끊지 못하는 워커홀릭 샐러리맨……. 그들로 인해 세상은 여전히 여여(如如)하다.

———

흥미로운 것은, 자아를 상실하고 그 연장선에서 독립적으로 자기 삶의 길을 결정할 수 없는 것을 현대인은 원만함 혹은 무난함으로 가리느라 온갖 수단을 동원한다는 사실이다. 그러지 않아도 가지고 있지 못한 힘을 그렇게 낭비하니, 사람이라는 게 겉으로는 살아 있는데, 속으로는 죽어 있다. 영락없는 좀비다. 그들이 취한 여러 방편 가운데 하나가 예술이다. 자아 확인이나 실존 차원의 예술이 아닌 예술을 위한 예술로서 돈과 명예 혹은 치장으로서 하는 예술이다. 그리고 또 다른 것이 교양이라고 말하는 잡학 지식이다. 삶의 지혜가 아닌 처세술이나 출세를 위한 여러 경영의 기술 또한 그렇다. 더욱 한심한 것은 그들이 지식인이라는 이름으로 스승 노릇을 하기까지 한다. 그러니 그들 지식인이라는 사람들이 하는 것이라고는 성공을 향해 가는 길을 보여주는 가짜 선지자들이 하는 짓밖에 없다. 그렇지만 사람들은 그에 열광한다.

목표에 목마른 현대인들은 항상 원만하게 두루뭉술하기 때문에 자기 의지에 따른 결정과 난국에 부닥치면 헤쳐 나갈 줄을 모른다. 그러니 거대한 기계의 볼트 너트로밖에 살지 못한다. 삶을 진지하게 고민하고 파헤쳐 볼 시간이 없다. 그저 사건에 쫓겨 다닐 뿐이다. 그러면서 초조하고 안절부절못한다. 독립 자아가 없으니 때를 기다릴 수가 없다. 그래서 매일 매일 어떤 거대한 체계에 사용되고, 소진되다 결국 닳고 만다. 휴가나 힐링이 잠시 있을 뿐, 본질적으로 그 영혼 없는 지식의 체계에서 벗어나지 못한다. 불행한 삶이다.

16. 예술

디오니소스적인 것의 마력 아래서는 인간과 인간 사이의 유대만 다시 맺어지는 것 아니다. 소외되고 적대시되거나 억압되어 왔던 자연도 자신의 잃어버린 탕아인 인간과 화해의 축연을 다시 여는 것이다. (······) 베토벤의 '환희의 송가'를 한 폭의 그림으로 바꾸어 보아라. 그리고 수백만의 사람들이 공포에 사로잡혀 땅에 엎드릴 때도 상상력을 버리지도, 움츠려들지도 말아라. 그러면 디오니소스적인 것에 다가갈 수 있으리라.

　　　　──『비극의 탄생』, 음악정신으로부터 나온 비극의 탄생, 1

진리라는 건 없다. 그 어떠한 것도 본질인 것은 없고, 모든 건 역사에 따라 변하기 때문이다. 불변의 진리, 만고의 진리라는 것을 인정하지 않는 니체가 그 진리보다 예술이 더 가치 있다고 한 것은 당연하다. 평생 진리를 찾아가야 하는 뭇 구도자들에게는 참으로 모욕적인 말로 들릴 것이다. 그래서 니체는 망치를 든 철학자라거나 다이너마이트라는 별명으로 불린다. 그런 기존의 틀에 얽매여 아직도 그런 구도를 하는 소위 선지자, 스승, 지식인들을 통렬히 부인하기 때문이다. 그렇지만 그의 예술에 대한 태도에 한 발 더 들어가 보면, 단순히 진리에 대한 모욕의 차원에서 나오는 단순한 것은 아니다.

———

　니체는 예술을 거짓말과 같다고 했다. 그에게 진리는 경직되고 폐쇄된 것으로 전락하고 예술은 자유와 해석의 산물로 추앙된다. 니체가 말하는 진리는 실체가 없는 환상이라 할 것이고, 예술은 환상에서 벗어난 것이기는 하나, 실체는 아니고 실체인 듯 보이게 한 허구이다. 그에 따르면, 진리가 환상이니, 그 진리에 따르는 삶은 허무할 수밖에 없다. 그것은 수없이 많은 사람들이 그 진리라고 하는 종교나 이념의 도그마에 스스로를 얽어매, 수동적인 삶을 살게 하기 때문이다. 마치 찬란한 빛이 내려오기 위해 그 빛의 찬란함을 강조하기 위해 일부러 만든 잿더미로 뒤덮인 세상을 좇는 격이다. 그런데 진리를 거역하는 예술가는 잿빛으로 변한 세상에서 없는 빛을 만들어 낸다. 거짓을 행하는 자다. 니체는 예술을 여기까지 보았다.

예술도 예술 나름이다. 니체는 진리를 추구하는 하나의 과정으로서의 예술, 혹은 사람의 마음을 아름답게 하고 치유하는 예술에 대해서는 독설을 날렸다. 그 예술은 합리주의와 기독교의 노예 도덕에 물든 것이라고 했다. 심지어 형식성에 치우친 예술 즉 흔히 말하는 예술을 위한 예술을 질병이라고까지 하였다. 그런 낭만주의 예술이란, 고통을 마주하고 그것을 거스르면서 극복하기 위해 안간힘을 다하는 것이 아니기 때문이다. 18세기 그들이 설정한 낭만주의는 이상을 그렸다. 유토피아라는 것은 역사에서 존재하지 않는 것이다. 그들은 거짓을 만들어냈는데, 그 거짓이라는 게 고통을 이겨내고 앞으로 나아가기 위한 거짓이 아니고, 치유 받고자 하는 아편 같은 거짓이다. 니체는 노예의 도덕을 바탕에 깔고 있는 예술은 예술이 아니고, 허무한 퇴폐일 뿐이라고 했다.

니체가 낭만주의를 그렇게 평가하는 것은 그가 삶을 고통으로 보았던 데서 출발한다. 그가 좋은 예술의 예를 그리스에서 찾는 것은 고통에 대한 관점과 연결된다. 그리스인들은 삶을 끔찍하고 고통스럽게 봤다. 그 속에서 도저히 이해할 수도, 풀 수도 없

© 부산 수안동, 2016

흔들리지 않으면서 피는 꽃이 있더냐고 물으니
꽃이 아닌 꽃도 꽃이더냐고 되묻는다.
진(眞)과 위(僞), 실(實)과 허(虛)를 구별할 수 있는가?

© 부산 센텀시티, 2018

는 수수께끼 같은 거대한 현실의 장벽을 피하지 않고 맞닥뜨렸다. 그리고 그 앞에서 어떠한 예외도 없이 삶을 헤쳐 나아가야 함을 높은 가치로 삼았다. 이러한 그리스인들의 삶의 태도가 니체에게 전형으로 박혔다. 반면 고대 인도인들은 이와 정반대의 태도를 가졌다. 삶을 고통으로 보고 그 고통은 끝없이 우주적 시간으로 이어지는 것으로 본 붓다와 달리, 주류의 세계관은 끝없는 윤회의 시간 속에서 저 영원한 곳 어딘가에 유토피아가 있다고 설정해 두었다. 그 이상에 꽂혀 인간은 주체적으로 이승의 삶을 살 것을 포기하고 도덕과 율법의 굴레 속에서 유토피아로 갈 것만을 기대하고 살았다. 현실에 맞닥뜨린 그리스는 비극을 꽃피웠고, 현실에 가치를 두지 않고 저 세상을 추구하는 인도는 희극을 꽃피운 이유가 바로 여기에 있다.

　고통을 바탕으로 한 그리스인들의 비극을 토대로 니체는 이 세상의 질서를 깨부수고 어지럽히는 것을 예술의 기치로 삼는다. 그래서 질서 정연한 아폴론에서 예술의 정신을 찾지 않고, 난장판을 벌이는 디오니소스에서 그 정신을 찾는다. 고통의 찬미다. 쇼펜하워의 염세주의와 비슷해 보이지만 분명히 다르다. 쇼펜하워 염세주의와는 비슷하게 출발하지만 끝 부분에서 완전히 다른

길로 갈린다. 세계는 고통이라는 점에서 니체와 쇼펜하워는 입장을 같이 하지만, 니체는 그의 염세주의를 버리고 초(超)긍정의 길을 택했다. 반면 고대 힌두 사회에서는 질서와 이상 그리고 단계별 환영에의 도달이라는 과정을 통해 삶을 종교와 의례에 철저히 얽매이게 하였고, 그 안에서는 치열한 경쟁이 벌어지지 않았다. 질서와 율법에 항상 순종하는 자는 진리를 볼 수 있다. 신화 속 인생은 해피엔딩으로 질서와 낙관으로 점철된다. 그래서 그 안에 담긴 현실은 무기력 그 자체가 될 수밖에 없는 것이다.

—

　니체가 높이 가치평가 하는 그리스 비극은 '현실을 반영하는 디오니소스적 광기가 아폴론적 이성에 의해 조화롭게 포장된 것'이다. 아폴론적 이성은 디오니소스적 광기가 스스로 파멸하는 것을 막고, 디오니소스적 광기는 아폴론적 이성이 현실을 제대로 마주하지 못하게 하는 것을 막아서 서로 조화를 이룬다. 그래서 우리는 그리스 비극 속에 녹아 있는 탈(脫)이성의 우연과 불합리 등을 통해 논리적 이성으로는 도저히 건드릴 수 없었던 삶의 생생한 고통과 한계를 직면할 수 있게 된다. 따라서 삶의 고통에 대한 묘사는 바로 삶에 대한 찬미이며, 이를 보여주는 예술이야말로 자기 긍정의 자양분이 되는 것이다. 그런데 안타깝게도 이성

만을 중시하는 소크라테스를 거치면서 디오니소스적 광기가 유럽 문화에서 힘을 잃었다. 그리고 그 뒤를 기독교 전통이 이어받으면서 예술은 종교의 완전한 시녀로 전락하고 현실의 삶과는 완전히 멀어져 버리게 된다. 니체는 이 디오니소스적 탈이성, 불합리, 무질서의 정신을 회복하는 것이 인간다운 건강한 삶을 제대로 되찾는 것이라 했다.

———

돌이켜 살펴보면, 인간이란 현실에서 살아남기보다는 환영에서 살아남기를 더 선호한다. 그러니 결국 그 환영으로 인해 삶은 더욱 파괴되고, 난장판은 더욱 심해진다. 그럴수록 해피엔딩으로 귀결되는 신화가 끊임없이 만들어진다. 이러한 순환계를 깨부수고, 난장판을 있는 그대로 제시하는 것이 예술이다. 아니, 정확하게 말하자면 그것이 인간애를 추구하는 힘이 있는 예술이다.

신앙인에게 '참'과 '거짓'이라는 문제에 대한 양심을 갖는 것은 자기 뜻에 달려 있지 않다. 따라서 그가 그 문제에 대해서 성실한 태도를 취하면 그는 즉각 파멸하게 된다. 확신을 가진 사람은 병적으로 제약된 자신의 관점 때문에 사보나롤라(Savonarola), 루터, 루소, 로베스피에르, 생시몽과 같은 광신자들, 즉 강하고 자유롭게 된 영혼의 반대 유형이 되고 만다. 그러나 이러한 병든 영혼들, 즉 개념의 간질병자들의 과장된 태도가 많은 대중에게 감명을 주고 있다──광신자들은 근사해 보인다. 인류는 [이성적인] 근거에 귀를 기울이기보다는 몸짓을 보는 것을 더 좋아하는 것이다.

──『안티크리스트』, 54

흔히 안 봐도 안다거나 안 보고도 믿는다고들 한다. 기독교 신자든 아니든 「히브리서」 11장에 나오는 "믿음은 바라는 것들의 실상이요 보지 못하는 것들의 증거"라는 말을 툭하면 들먹일 정도로 사람들은 믿음이 이성보다 더 앞선 것임을 말하곤 한다. 그런 의미에서 '믿음'의 반대는 '불신'이 아닌 지식이고 과학이다. 그런데 요즘은 희한한 것이, 그 믿음을 증명하는 길로 과학을 동원한다. 소위 창조과학이라는 것이다. '믿음'을 과학이라는 지식으로 증명한다는 것인데, 사실 그로 인해 '믿음'의 존재론적 가치 자체가 부인되어 버린다. 믿음조차도 과학 즉 지식에 종속되어 버린 세태의 결과다. 그만큼 그 믿음의 세계에 발을 디딘 사람들의 철학이 빈곤하다는 것이다. 그 세계에 있으면서도 믿음보다 믿음 세계 바깥의 논리인 과학 지식에 더 기댄다는 것이다. 그렇지만 사실은 저 믿음도 저 지식도 모두 다 자기 자신의 주체적인 것이 아니다. 그 자신은 의지가 결여되어 있어서 무엇을 위해 어떤 것을 기반으로 삼고, 그 위에서 스스로 자신이 무엇을 추구하는지를 모른다. 그것이 없으니 뭔가에 속박될 수밖에 없다. 때로는 믿음에 때로는 과학에 때로는 종교나 이념에 말이다.

—

그런데 니체가 비판한 기독교의 원리는 그 믿음이 '자유의지'에 의한 것이라고 한다. 이런 모순이 어떻게 가능한가? 기독교 논리의 근간을 아주 간단하게 말하자면, 인간은 죄를 지어 심판을 받는데, 하나님인 예수가 죽음으로 구속(救贖)했고 그것을 믿는 사람은 의롭게 되어 심판을 면한다는 것이다. 역사적 예수의 행적을 바울이 로마라는 공간에서 코스모폴리턴 정신에 걸맞게 제도 종교로 전환시켜 버린 결과다. 그런데 그렇게 되어버리면, 그 죄를 지은 자는 자기 의지도 없이 죄를 짓게 되고 자기 책임도 아닌 그 죄를 다른 어떤 존재에 의해 사함을 받아야 한다. 그리고 죄 사함을 받기 위해 무조건적으로 주어진 어떤 조건을 믿어야 하고, 인간은 누구나 죄인이 되어야 하니, 그것은 절대적인 신의 섭리에 의해서가 된다. 그래서 이 믿음의 세계에서는 지고의 선인 하나님의 은혜와 자비와 영광으로서 구원을 받아야 하기 때문에 누구나 반드시 죄인이 되어야 한다. 그러다 보니 믿음이 절대적인 열쇠가 되고, 믿음이 현실을 구축해 버리고, 심지어는 가해자가 믿음을 가져 믿음을 갖지 않는 희생자를 구축해 버리는 일이 발생하기도 한다. 결국 그 믿음의 세계에 인간의 의지 같은 것은 존재할 수 없다. 그런데도 자유의지가 중심이라고 한다.

———

구원을 받기 위해 스스로 죄인이 되어야 함을 감사해하는 인간적 행위를 어떻게 볼 것인가? 그것을 허무로 볼 것인가, 퇴폐로 볼 것인가, 염세로 볼 것인가? 행위라 하는 것은 행위자가 할 의

엘치과의원

제이영

내과

신세

론필리

언제 뛰쳐나갈 것인가?
아니다.
언제까지 이대로 있을 것인가?

지가 있어서 행하는 것이다. 자기의 의지로 행한 것이 행위이고 그렇지 않은 것은 행위가 아니다. 행위라는 것은 법적 포상이나 처벌을 받는 근거가 되는 것인데, 거기에 행위자의 주체적 의지가 없으면 법이 규제할 수가 없게 된다. 따라서 어떤 행위가 의미 있기 위해서는 행위자가 의지를 지니고 있어서 선택을 해야 한다. 그 행위를 할 것인지 안 할 것인지, 이것을 할 것인지, 저것을 할 것인지를 선택하는 것 말이다. 행위자가 자기 행위에 상으로든 벌로든 책임을 져야 하는 것은 바로 이 선택을 하게 하는 그의 의지에서 비롯되었기 때문이다. 그런데 그 믿음의 세계는 의지가 필요 없는 세계다. 이 모순을 어찌 해야 하는가?

———

그러다 보니 기독교의 초기 논리가 궁색해진다. 그래서 그들 사이에서 신이 인간에게 자유의지를 주었다고 설파하는 신학자들이 생겨나게 된다. 오로지 심판에 정당성을 부여하기 위한 차원이다. 자유의지가 없는 상태에서 지은 죄를 신이 심판한다면 아무도 그 심판을 순순히 따르려 하지 않기 때문이다. 결국 그런 신학자들의 논리에 의하면, 인간에게 주어진 자유의지는 인간이 죄를 짓도록 하는 유일한 이유로 고안된 것이고, 그 안에서 인간은 무조건 죄인이 될 수밖에 없다. 그러한 일련의 논리 체계를 믿는 사람만 구원을 받고, 영생을 누리게 된다. 니체는 이를 철저한 노예의 논리라고 한 것이다. 그 노예의 논리가 때와 장소에 따라 모양은 달라지지만 하나의 정신으로 세계 각지의 여러 종교로 나타난다. 비단 니체가 말하는 기독교만의 문제가 아니다. 불교도 그렇고 힌두교도 그렇고 이슬람도 넓은 의미에서 다 마찬가지다.

———

　그러면 궁극적으로 무엇이 문제인가? 구원이나 은혜의 동의어는 죄인가? 죄가 있으니 은혜를 내려 구원하는 것이라는 그 논리를 당신이 가진 종교 밖에서의 일에서라면 그렇게 선선하게 받아들일 수 있는가? 당신의 딸이 강간을 당하고 그 강간범을 하나님이 용서해 줘서 큰 사랑과 은혜를 체험했고, 당신은 그의 죄를 용서하지 못해서 하나님을 거역하는 죄인이 되고, 그래서 하나님의 공동체 안에서 손가락질 당하면서 죄인으로 살아야 한다는 영화 「밀양」에서 보여주는 사실을 인정할 수 있다는 말인가? 믿음이란 의지가 결여되면 될수록 더욱 병적으로 나타난다. 북한과 평화 협상을 위해 노력하는 우리 정부를 지지하는 미국의 외교 대표 앞에서 엎드려 절을 하며 친북 대통령을 처단해 주십사 하고 굿을 하는 사람들이 노예가 아니면 무엇이란 말인가? 의지란 힘의 결정적 표징이기 때문에 자주적이고 주체적이어서 자신을 명령을 내리는 자로 만들고 기존의 틀이라는 권위에 반항하는 자로 만들 수밖에 없다. 그것이 주인의 길이고 그렇지 못하는 자는 노예의 길을 간다. 스스로 명령할 줄 모르는 자는 그만큼 더 간절하게 명령하는 자를 갈망한다. 그것이 바로 노예다.

———

결국, 의지가 없이 벌이는 노예 행위는 예정되어 있든지 자기 의지로 저지른 것이든지 노예이기 때문에 속박이라는 결과로 나타날 수밖에 없다. 그러니 기독교라는 종교 안에서 예정과 자유의지는 동음이의어로 나오는 것이다. 그렇다면 우리는 궁극은 죄라는 그 자체에 대해 존재론적으로 의문을 던져야 한다. 죄가 인간의 삶에 본질적으로 있어야 하는가? 왜 반드시 있어야 하는가? 없어도 된다면 인간이 해야 할 일은 무엇인가? 좀 더 건강하고 행복한 삶을 누리려고 노력해야 하지 않겠는가? 그러기 위해서는 자신에게 주어진 길을 개척해 나아가야 하는데, 그 길에 필요한 것이 무엇인가? 무엇보다도 그 '죄'의 존재를 부인해야 한다. 그것이 인간 의지의 길이다.

18. 힘

어떤 사물, 어떤 관습, 어떤 기관의 '발전'이란 하나의 목
적을 향한 진보 과정이 아니고 (……) 오히려 그것은 다
소간 깊어지고, 다소간 서로 독립적으로 그와 같은 사물,
관습, 기관에 미치는 제압 과정의 연속이며, (……) 방어
와 반(反)작용을 목적으로 시도된 형식의 변화이자, 또한
성공한 반대 활동의 성과이기도 하다. 형식은 유동적이
지만, 그러나 '의미'는 더욱 유동적이다……

—『도덕의 계보』, 제2논문, 12

종종 사람과 인간의 차이에 대해 생각해 본다. 인간이란 사람
과 사람의 사이를 강조하는 개념이라 좀 더 사회적 의미인 것으
로 해석하면 되겠고, 사람이란 원래의 어의는 무엇일까? 살아 있
음을 의미하는 '살'에서 나온 것일 테고 거기에 명사형 어미가 붙
은 것이리라 짐작해 본다. 그렇다면 살아 있다는 것은 무슨 의미
일까? 누군가는 생각이나 희망이나 사랑과 같은 어떤 정신이나

마음의 작동을 말할 것이고, 누군가는 저항이나 진보를 말할 것이고 또 누군가는 숨을 쉬거나 움직이는 생리 현상을 말할 것이다. 그렇다면 그 모든 것에 관통하는 어떤 것이 있을 수 있을까? 니체는 그것을 힘으로 봤다. 어떤 방향에 의지가 작동하여 발휘되는 힘이 있어야 사람이라 말할 수 있는 것으로 본 것이다.

—

　니체는 힘의 속성을 세 가지로 본다. 첫째, 힘은 복수로 존재한다. 다른 것과의 관계 속에서만 작동한다. 그리고 그 관계는 차이와 거리를 통해서만 존재한다. 따라서 이를 통해 우리는 모든 부분이나 사건들은 서로 깊은 연관성을 가지고 있음을 알게 된다. 둘째, 힘은 반드시 표현되는 것이다. 표현되지 않는 것은 힘이 아니다. 그런데 그 표현이라는 활동은 어떤 본질이라고 할 수 있는 원자와 같은 주체로부터 분리될 수 있는 것이 아니라고 했다. 고대 인도의 베다에서 말하는 불멸불변의 절대 궁극인 브라흐만(Brahman)-아뜨만(Atman)의 존재를 붓다가 부인하면서 그들이 말하는 본질이라는 것은 존재하지 않는다고 주장하듯, 니체는 본질이라는 원자와 같은 것을 주장하는 기독교 신앙을 반박했다. 셋째, 힘은 정지되어 있는 양이 아니다. 즉 멈추어 있는 힘이란 없다. 힘은 '정지'나 불변'과 싸우면서 본질적으로 변화한다. 그런데 그 힘은 하나의 방향으로만 작동하지 않는다. 어떤 힘이 나오면 그 힘에 대항하는 또 다른 의지에 의해 힘이 나온다. 그것이 니체가 말하는 힘의 기본 원리다.

——

좀 쉬운 일상의 예를 들어 이해해 보자. 많은 사람들이 겪은 일이고 누구든 흔하게 무너져 버린 담배에 대한 이야기다. 나도 그 숱한 사람들이 해왔듯, 담배를 끊은 숱한 경험을 가졌다. 최장 8개월까지 끊어 봤으나 결국 현재는 담배를 피우고 있다. 담배를 끊어야 할 때 드는 여러 가지 충동과 논리들은 어떤 의지를 만들어 금연의 방향으로 힘을 작동하게 하지만, 술을 마신다거나 부부 싸움을 한다거나 마음을 심란하게 만드는 전화를 받았다거나 누군가와 논쟁에 빠졌다거나 하는 일이 생기면 처음의 의지를 흔들어 결국 좌절시키는 또 다른 힘을 발생시킨다. 이러한 의지의 충돌에 대해 쇼펜하워는 그것들은 계속 채워질 수 없는 욕망으로 연결되기 때문에 사람은 결국 불행해질 수밖에 없다고, 염세주의 철학을 설파했지만 니체는 그 고통도 결국 삶의 일부이기 때문에 그것을 긍정해야 한다고 했다. 니체에게 모름지기 사람이란 고통을 이겨내기 위하여 끊임없이 싸워 이겨내는 강한 힘에의 의지를 가진 자다.

누군가는 담배를 끊는다. 하루에 두 갑을 피우던 사람도 끊는다. 아니, 하루에 두 갑을 피우는 사람이니까 끊을 수 있다. 나는 하루에 다섯 개비 이하를 피우기 때문에 그것을 끊지 못한다. 이걸 니체 식으로 말하자면, 나는, 고통이 다른 사람보다 크지 않기 때문에 담배를 끊어야 한다는 의지가 발동하여 힘을 만들어 내지 못하는 것이다. 그래서 담배를 끊은 사람과 나같이 끊지 못하는 사람 사이에는 분명히 질적인 차이가 존재해야 한다. 본질적으로 힘의 작동의 차이가 있기 때문이다. 그러니 그 차이를 없애고 평등하게 만드는 것은 사람의 근본을 말려 죽여 버리는 아주 비인간적인 조치다. 사랑과 연민을 발휘해 그 힘이 약한 사람을 구호하는 여러 제도나 모든 사람에게 동등한 능력을 인정하는 민주제나 사회주의 제도나 다 비인간적인 것이다. 이것이 니체의 기본 생각이다. 이에 대한 학문적 의미 부여에 대해서 나는 잘 알지 못한다. 차이가 사회 제도로 어떻게 연계될 수 있을지, 그가 민주제와 사회주의의 기본 원리를 비판한 것인지, 차별 제도의 세습과 용인마저 인정해야 하는 것인지의 여부에 대해서는 정확히 알지 못한다. 그렇지만 분명한 것은 하나 있다. 그가 말하는 강자 즉 힘 있는 자는 문자 그대로 '귀족'이나 '주인'을 의미하지는 않는다는 사실이다. 흔히 말하는 봉건적 의미에서의 그런 '귀족'이

당신은 어떻게 혼자이고, 어떻게 함께인가?
당신은 말을 할 수 있는가, 말을 할 수 없는가?
당신은 흘러가는가, 멈춰 있는가?

나 '주인'을 니체는 '천민'이라 불렀다. 그래서 그가 말하는 '힘'을 사회 제도의 문제로 직접 연결시켜 생각하는 것은 철학적 사유를 할 수 있는 능력이 없는 사람들이 저지른 과오라 본다.

—

그래서 나는 니체로부터 취할 수 있는 철학적 사유만 취할 것이다. 사람마다 힘에의 의지에 차이가 있다는 것 그리고 그 힘이 부족한 사람은 스스로의 노력으로 고통을 겪고, 싸워 이겨내야 한다는 사실은 취할 것이다. 그것은 사회 제도와의 관련 이전에 사람 개체에 대한 본성적 고찰이기 때문이다. 니체가 말하듯, 힘의 원천인 주체적 관점을 기르고, 그 과정에서 타인들이 평가하는 바를 그대로 취하지는 않을 것이다. 그것은 니체가 말하는 노예적 태도이기 때문이다. 니체의 생각대로 살다 보면 주변과 불편하게 될 것이다. 그래도 감수할 부분은 감수하고 사는 것을 운명으로 받아들이면 된다. 그것은 내가 살아온 길이고 앞으로 살아갈 길이기 때문이다. 다만, 그 싸움의 길이 주체와 실존의 길이지, 타자에 대한 비판과 평가에 대한 길이 아님은 몇 번이고 되새김하고 또 되새김할 것이다.

길지 않은 인생이지만 지난 60여 년, 돌이켜 반추해 보면 삶은 끝없이 펼쳐지는 싸움의 연속이었다. 교수가 되기 위한 싸움, 대학과 사회를 민주화하기 위한 싸움, 온갖 유혹과 무능력을 이겨내며 학문하기 위한 싸움, 아들과 딸을 잘 양육하고 좋은 사람이 되기 위해 도와주고 사랑하는 데 필요한 싸움. 굳이 정치적이나 사회적 혹은 국제적 차원에서의 집단 갈등이나 싸움을 거론하지 않더라도, 굳이 주체니 자아니 깨달음이니 긍정이니 하는 따위의 철학적 차원에서의 싸움을 거론하지 않더라도 나의 지난 삶은 작고 자잘하지만, 싸움으로 여기까지 왔다. 그 사이에 어떨 때는 나의 의지에 반대되는 방향에 꺾여 좌절하기도 하고, 어떨 때는 이겨내 다음 단계의 더 치열한 싸움으로 들어가면서 한껏 평화와 안락을 즐기는 경우도 있었다. 앞으로 남은 삶도 마찬가지가 될 것이다. 무슨 일이 닥치고 벌어지더라도 그것을 이겨내는 힘에의 의지가 나의 삶을 이루는 실체가 될 것이다. 그것이 옳은지 그른지에 대해서는 규정하거나 평가하지 않는다. 다만 나는 그 싸움을 요란하지 않고 잔잔하게 해나갔으면 하는 소망만 가질 뿐이다.

19. 싸움

괴물과 싸우는 사람은 자신이 이 과정에서 괴물이 되지 않도록 조심해야 한다. 만일 네가 오랫동안 심연을 들여다보고 있으면, 심연도 네 안으로 들어가 너를 들여다본다.

——『선악의 저편』, 146

　니체가 말하는 영원회귀의 시간 속에서 시간은 거칠게 다가오고 그 속에서 인간은 천변만화(千變萬化)하는 모습으로 다가오는 고통을 견디며 살아간다. 그리고 죽음으로 이른다. 이 흔들릴 수 없는 거대한 우주적 시간의 이치 속에서 우리는 니체가 말하는 우상을 버리고 어떻게 살 것인가? 그 고통의 삶을 이겨내기 위해서 피할 수 없는 것이 싸움이다. 자기 내면의 싸움이든지, 타자와의 싸움이든지. 사람이 운명의 주체가 되기 위해서 겪어야 할 것이 바로 싸움이다.

나는 개인적으로 말하자면, 싸움을 상당히 즐기는 편이다. 일부러 싸움을 걸지는 않지만, 다가오는 싸움을 회피하지는 않는다. 몇 년 전 내가 없을 때 아내랑 아들, 딸이랑 며느리가 같이 앉아 자기들이 아는 바대로 하면서 내 심리 테스트를 했는데, '논쟁을 즐기는' 성격으로 나와 배꼽을 잡고 웃었다고 했다. 그들의 비웃음을 심각하게 받아들여, 공자 왈 맹자 왈, 니체를 꺼내며 설명하면 또 '진지 꼰대' 소리 들을까 봐 그냥 웃고 말아 버렸다. 그런데 좀 진지하게 생각해 보면, 사람들이란 대부분이 싸우는 혹은 논쟁하는 것을 싫어하거나 평가절하하는 것은 분명한 사실이다. 싸움보다는 평화, 그것도 희생적이고 자비로우며 양보를 통해 평화를 추구하는 것을 훨씬 가치 있는 일로 생각하고는 한다. 나는 그런 평가에 동의하지 않는다. 평화라는 것은 싸움의 결과가 아니고 싸움의 일부, 더 정확하게 말하자면 싸움의 현상이라고 생각하기 때문이다. 평화가 오는 것은 그것이 열전이든 냉전이든 끝없는 내부와 외부의 싸움을 벌인 과정 중에 나타난 현상을 기술한 것이지 그 원인이나 결과로 고정될 수 있는 것이 아니기 때문이다. 결국 사회적 혹은 더 심하게 말하자면 과학적 원인 혹은 결과라 규정하는 것은 철학적 사유를 빼고서 하는 것일 뿐이다. 그렇다고 해서 철학적 사유를 빼는 게 바람직한 것은 아닌데, 사람들은 그렇게

© 부산 구서동, 2016

둘러싸인 게 삶이다.
사방천지, 모두 적이고 나까지도 적이다.
그들 안에서 나를 보라.

© 부산 남산, 2016

들 산다. 과학과 사회 학문을 사고의 원천으로 삼고.

———

　내가 하는 논쟁은 외부와의 싸움에만 해당하는 것은 아니다. 자신의 내부를 들여다보면서 본능적으로 어떤 흐름에 시시비비를 걸면서 싸우고 저항하는 것이 더 주를 이룬다. 젊었을 때 나를 규정하는 것으로, 자의 반 타의 반 불렸던 것이, '체제 저항적 인간', '자발적 사회 부적응자'와 같은 것들이었다. 나는 강해야 했다. 그래야 궁극에 가서 내가 이길 수 있다고 생각했기 때문이다. 나는 도덕이나 전통이라 부르는 체제 내의 문화를 썩어빠진 것이라 규정하고 그것들과 싸우면서 이기기 위해 강해져야 했고, 그것을 위해 악의 싹은 반드시 자르고 뿌리를 뽑아야 한다고 생각했다. 그것은 악에 대한 보복 행위다. 손쉽게 이해해 주고, 관용을 베풀고, 사랑으로 감싸서 될 문제가 아니었다. 애초에 그렇게 해서 문제가 해결될 것 같으면 인류의 역사가 이렇게까지 될 리가 만무하다. 나는, 확고하게 믿는다. 인간은 악이라는 사실을. 그래서 싸운다. 싸우면서 강해진다. 그렇다고 피곤해하지 않는 것은 아니지만, 피곤도 나의 운명이라 생각하고 받아들이면서 간다. 그렇다고 사회에서 말하는 큰 싸움 같은 데는 별로 관심을 두지 않으니 그나마 좀 덜 피곤하다. 그런 덕에 산다.

싸움의 주체는 나 자신, 개인일 수밖에 없다. 신이고 도덕이고 이념이고 간에 그 어떤 것도 나 자신을 대신하여 싸움을 치를 수 없고 그러한 것으로 무장이 되면 나 자신이 약화되어 싸움을 제대로 치를 수가 없게 된다. 주체는 아주 독립적이어야 하고, 그래서 개체여야 한다. 정신적으로 냉철해야 하며 무엇보다 유연하고 자유로워야 하며, 그것을 향한 힘에의 의지가 확고해야 한다. 그런데 그 의지라는 것이 이성에 의해서만 만들어지는 것은 아니다. 인간이 이성적 동물이 아니고 감성적 동물이기도 하기 때문이다. 인간이 합리적이고 이성적 사유의 주체가 아니기 때문에 그가 수행하는 싸움 또한 나의 그리고 상대방의——항상 적인 것은 아니다. 때로는 자녀가 될 수도, 배우자가 될 수도 때로는 내 자신이 될 수도 있다.——감정을 존중하고, 그것을 주체의 하나로서 고유 가치를 평가해 줘야 한다. 그는 자신의 감정이 받아들여질 때 존중받는 것을 느끼면서 비로소 강해지고 그런 과정을 통해 상대방이 나의 일부가 될 수 있기 때문이다. 돌이켜 생각해 보자. 그동안 살아오면서 얼마나 많은 경우가 있었는지를. 누군가가 나를 향해 부당한 비난을 하는 경우 그에게 즉각 반발하여 나도 분노의 비난을 한다. 그것들이 이어져 논쟁이 벌어지면 상대방은 자신의 잘못을 절대로 받아들이지 않고 역으로 자신이 더 크게 부당함을 당했다고 느낀다. 그러다 보면 이런 싸움은 설사 논쟁에서 이기더라도 별로 나아질 게 없다. 이겼다고 해서 어려움을 극복하게 되도 아니고, 극복이 안 되니 더 강하게 미래를 열 수 있는 것도 아니다. 그것은 단순하게도 상대방의 감정을 이해해 주지 않았기 때문이다. 상대방의 감정을 받아들이지 않고, 그를 이길 수는 없다. 그가 설득당하지 않고서 나를 받아들인다는 것은 무망하다. 그러면 나는 그 싸움에서 지게 되는 것이다.

———

　싸움에서 가장 필요한 것은 그 대상이 어떠한지를 면밀히 살펴보는 것이다. 그가 처한 처지에서 가지고 있는 감정까지 말이다. 옳고 그름, 문제를 치유하는 해결책, 논리적인 계산 등이 항상 문제의 본질은 아니다. 여럿으로 섞인 이질적 덩어리를 실타래 풀듯, 과정을 거치면서 나갈 때 싸움의 주체인 내 자신의 힘을 측정할 수 있고, 그 위에서 문제의 본질을 대할 수 있기 때문이다. 싸움을 전개하는 과정에서 상대를 면밀히 살피는 것을 통해 내 자신이 강해진다. 따라서 싸움에서 내 자신이 해야 하는 가장 중요한 문제는 적수들을 이기는 것이 아니다. 자기 자신이 갖는 힘의 크기를 파악하고 키우고 그것을 극대화할 수 있는 기술을 계발하는 것이다.

싸움의 기술은 긍정의 자세로 고통을 극복하는 것이다. 적을 닮아 적을 이기면 결국 적에게 무너진다. 영화 감독 김기덕이 타지에서 전염병에 걸려 죽었다는 소식을 들었다. 일부 여성들이 그의 죽음을 조롱한다. 그건 이기는 싸움이 아니다. 그 페미니스트들이 싸움을 통해 얻어내는 것은 결국 단편적인 감정의 배출뿐이다. 싸움이란 그것을 통해 새로운 삶의 방식을 만들어내는 일이어야 하는데, 전혀 그렇지 못하다. 그렇지 못하면 싸움의 주체도 괴물이 되어 나락에 떨어질 수밖에 없다. 싸움이 끝나기도 전에, 한 발짝 앞으로 나아가기도 전에, 그 괴물과 얽혀 괴물 자체가 되어 버리는 것이다.

20. 일상

> 시도와 물음, 그것이 나의 모든 행로였다. 그리고 참으로
> 사람들은 이러한 물음에 대답하는 것을 배워야만 한다!
> 이것이 나의 미감이다.
> 그것은 좋은 미감도 나쁜 미감도 아니며, 내가 부끄러워
> 하지도 숨기지도 않는 나의 미감이다.
> "이것이 지금 나의 길이다. 그대들의 길은 어디 있는가?"
> 라고 나는 나에게 길을 물은 자들에게 대답했다. 말하자
> 면 모두가 가야 할 그런 길을 존재하지 않는다!
> ──『차라투스트라는 이렇게 말했다』, 중력의 영(靈)에 대하여

어젯밤 또 누군가와 혁명에 대해 이야기했다. 나는, 당신들이
더 큰 노력을 했었더라도 혁명은 이루어지지 않았다고, 애초에
이룰 수 없는 꿈을 꾸었다고, 혁명이란 존재할 수 없다고 그를 비
판했다. 내가 그런 혁명의 전선에 젊음을 바치지 않은 것은, 물론
비겁하기도 했지만, 함부로 희망을 갖지 않아서였다. 선(善)은 순
간이고 악(惡)은 영원이라는, 시간에 대한 생각 때문이었다. 역사

를 공부한 사람으로 당신들이 오직 마르크스 레닌을 외칠 때, 또 다른 당신들이 오직 예수를 외칠 때, 아무리 숭고하고 위대한 인류 해방의 역사가 달성되어도 그 순간만 지나면 삶은 예전과 크게 달라지지 않는다고 역사를 통해 익히 봐왔기 때문이었다. 그들 덕에 세상이 많이 바뀐 것은 사실이다. 그렇지만, 보기에 따라서는 그들 때문에 세상이 더 나빠진 것도 부인할 수 없다.

—

문제는 우리가 지금 혁명을 이룰 수 없는 세상에 있다는 것이다. 혁명이 이루어졌다 할지라도 혁명이 이루어 낸 목적은 시간이 가면서 다시 퇴락하고, 그것과 또 싸우는 투쟁은 다시 다람쥐 쳇바퀴 돌듯 하는 수밖에 없다. 그렇게 영원히 이어지는 구조 속에서 사람들은 일상 안에 안주하게 되고, 근면과 권태라는 모순된 상태들이 다시 뒤섞여 또 일상을 새롭게 구조화하기 마련이다. 그런데 또 하나의 문제는 이러한 목표의 달성과 퇴락이 반복적으로 이루어진 구조 속에서 일상은 새로운 지배 관계로 연결된다는 사실에 있다. 전통 사회에서의 지배가 신분이나 생산의 착취와 같은 구체적인 관계로 이어진 것이라면, 현대 사회의 지배는 국가나 자본이 만들어낸 근면 속의 권태라는 일상의 지배에 연결된다. 현대 사회에서 사람들은 대체적으로 생존을 위한 먹고 사는 문제로부터 일단은 벗어나 있어서 그 지배자들이 제공하는 일상의 틀 안에서 사육된다. 평균과 획일이 주는 일상의 권태로부터 벗어나 니체가 말하는 고통을 스스로 창출해 맞닥뜨릴 생각을 하지 못한다. 니체가 말하는 낙타의 단계에 머무르면서 사자 되기를 포기하는 것인데, 그게 근면과 권태의 일상 속에서 이루어지는 것이다. 그 속에서 힘으로 여는 미래를 기다리고 그것을 당겨 오는 위버멘쉬를 만나기란 점점 더 어려워진다.

———

　미래를 당겨 오는 것은 현 질서에 대한 끊임없는 물음과 시도 속에서만 성립 가능하다. 묻고 시도하는 것을 반복하는 속에서 니체와 그 이후 많은 실존주의자들의 공통된 행위인 기다림이 나온다. 기다림과 상관없이 오는 것은 미래의 도래가 아니라 과거의 관성일 뿐이다. 그러니 그것은 사건의 발발이 아니고, 일상의 지속이다. 그래서 기다림이란 실천하는 것이고, 도래함을 맞으러 나가는 것이다. 니체가 말하는 위버멘쉬는 그래서 기다려야 할 대상이 아니고 기다리면서 만들어가야 할 존재다. 그러면 우리 사회는 어떻게 바꿔야 하는가? 니체는 그것을 단번에, 성급하고 폭력적으로 성취하려 해서는 안 된다고 말한다. 사람들은 사소하고 작은 문제들을 무시하고 큰 것만 해결하는 지름길을 추구하는

데, 그래서는 지속성이 없고, 그 지속성이 없이는 기다리며 만들어갈 수 없다. 아무리 큰 혁명이라도 일상과 그 토대가 되는 근본을 바꾸지 않으면 다시 옛 상태로 되돌아가 버린다. 한번 믿으면 영생을 얻는다는 기독교의 원리나 한번 도를 깨우치면 더 이상 수행을 할 것이 없다는 불교의 돈오돈수와 같은 것은 현실에서는 존재하지 않는다. 현실은 둘로 나뉠 수 없기 때문이다. 그래서 혁명이란 피투성이로 만든 임시 치료일 뿐이다.

—

　늘 그렇듯, 어제 무슨 엄청난 일이 일어났을지라도, 예수를 그리스도 주(主)로 영접해서 구원을 받았든, 노동자가 주인이 되는 세상을 얻었든, 남북통일을 이루었든, 오늘 시작하는 것은 이부자리에서 일어나 아침을 먹고 일을 하러 가는 그저 그런 하루일 뿐이다. 그런 하루를 맞이하기 위해 당신은 주어진 틀에 맞춰 근면으로 순종했고, 그것이 반복되면서 결국 권태로 이어진다. 그 속에서 벗어나 미래의 시간으로 탈주하지 않으면 결국 습관이 되고, 전통이 되며, 니체가 비판한 틀 속에 갇히게 된다. 이를 벗어나기 위해서는 새롭게 보고, 새롭게 느끼고, 새롭게 인식해야 한다. 그리고 그 노력은 부단히 이루어져야 한다. 그것이 관계 속에서 역동적인 변화를 만드는 것이다. 니체가 추구하듯.

그런데 사람들은 일상은 팽개치고 오로지 큰 진리 내지 정의 같은 것만을 만들어내려고 한다. 그런데 사실 큰 것이란 그것을 지지하는 사람들끼리 쌓은 단일한 목적의 탑일 뿐이다. 그런 목적의 달성으로는 겉만 변할 뿐이다. 큰 구조 안에서 하나로 규정된 선입견들이 만들어지고, 그렇게 이루어진 혁명은 잘못되어가는 스스로를 지키기 위해 권력을 공고히 하고자 속임수를 강화한다. 속임수는 항상 진리로 수렴된다. 혁명 안에서 근본적인 변화란 있을 수 없다. 이런 일은 오랜 인류의 역사에서 수없이 도돌이표로 반복되어 왔기 때문에 알 수 있다. 그러니 혁명 후 보여주는 그 이상은 니체의 말대로 우상인 것이고, 그것은 결국 속임수로 귀결될 뿐이다. 문제는 혁명이 인민을 속였는가, 인민이 스스로 혁명을 만들어 속았는가이다. 그 혁명이란 '가능성을 남기며 시간을 지연한 것'일 뿐이고, 그래서 혁명은 종교일 뿐이고, 결국 혁명은 아편이 되는 셈이다. 그러니 내 자신이 해야 하는 일은 대의를 위한 희생 대신 스스로의 변화를 위해 끊임없이 도전하고 싸움하는 것이다. 그것이 세상 사람들에 의해 바보로 취급당해도 그 길을 가는 것이 옳다. 그것이 일상을 이기는 유일한 혁명이기 때문이다.

세상 그리 쉽고, 편하게
가는 길이 그리 분명하게
사는 삶도 있다고들 하더라만······.

현대인들은 부분도 보지만 그것보다는 좀 더 큰 전체를 보기를 더 좋아한다. 미시보다는 거시를 분석하는 것이 더 가치가 있다고 생각하고는 한다. 작은 흐름보다는 큰 구조를 더 중요하게 여긴다. 구조와 거시란 무엇인가를 지향하는 전체성을 담보로 하는 것이다. 그런데 전체성이라는 것이 과연 존재하기나 하는 것인가? 이런 의문들이 시나브로 모이면서 현대인은 이제 용기를 내어 자신이 전체와 다르다는 부분을 말하기 시작한다. 어떤 일이 벌어져도 어떤 전체성을 통째로 바꾸는 변혁 혹은 혁명이 일어나지 않는다는 혹은 개인과 미시와 일상이 바뀌지 않는 한, '나' 자신이 바뀌어 미래를 향해 싸우면서 나아가지 않는다면 세계의 변화가 일어난다는 것은 불가능한 것이라고 하는 것을 말하기 시작한다. 지금 우리가 서 있는 배경은 이쯤이다.

21. 정의(定義)

'(원인과 결과) 그 자체'에는 '인과의 연합'도 '필연성'도 '심리적 부자유'도 없다. 그것에는 '결과는 원인에 뒤따른다'는 것이 없으며, 이는 어떤 '법칙'이 지배하는 것도 아니다. 단지 원인, 계기, 상호성, 상관성, 강제, 수, 법칙, 자유, 근거, 목적을 꾸며냈던 것은 바로 우리이다. 우리가 이러한 기호 세계를 '그 자체'로 사물에 투사하고 혼합시킨다면, 우리가 항시 그렇게 해왔듯이, 다시 한 번 그것을, 다시 말해 신화적으로 만드는 것이 된다. 그것은 '부자유 의지'라는 신화이다.

——『선악의 저편』, 21

처음 접하거나 혹은 모호하고 복잡한 어떤 것을 바로 이해하기 위한 가장 간단하고 빠른 방법은 그것에 대한 정의를 통해서일 것이다. 통상 우리가 하는 이런 방식에 대해 철학자 니체의 생각은 다르다. 니체는 어떤 것을 정의 내리는 것은 해서는 안 될

짓이라 한다. 사실, 니체를 들먹이지 않더라도, 어떤 것에 대한 정의를 내린다는 것은 구체적인 것에 대한 개별성과 특수성을 전부 없애버리는 것이다. 무엇이든지 상황이 달라지면 성격도 달라지고, 보는 사람의 관점에 따라 또 달라지는 것은 자연의 이치고 역사의 이치다.

———

게다가 뭔가 분명하게 정리되는 과학적 규정이 복잡한 것까지 보는 철학이나 역사학적 규정에 따른 판단보다 더 우월하다고 할 수 없는 일이다. 그럼에도 사람들은 과학에 의거하여 단일하게 정리하는 것을 좋아한다. 특히 현대인들은 과학에 의해 증명되고 명쾌하게 보이는 현상이 우월하다는 담론을 떠나지 못한다. 그래서 이 시대 과학은 모든 가치를 평가할 수 있는 근거로 자리 잡았고 권력의 토대가 되었다. 과학적이라 하면 논쟁에서 전가의 보도로 인정받았고, 증명하지 못하는 것은 혼자만의 생각으로 간주되어 왔다. 이제 우리는 과학이 신화로 작동하는 시대로 들어온 것이다.

———

그 안에서 현대인들은 특별한 것보다는 일반적인 것을 선호하는데, 그것은 현대 사회의 성격과 더욱 잘 맞아 떨어지기 때문이다. 그러한 행위는 사실, 궁극적으로 더욱 복잡해진 사회의 질서를 지키려는 행위의 일환이다. 평균의 가치에 수렴해서 그 기준으로 지켜지는 질서가 세워지면 그 평균이라는 것에 미치지 못하거나 너무나 다른 어떤 가치는 반드시 배제하고 강제로 솎아내야 한다. 그렇게 되면 사회에 질서는 남지만, 인간은 사라지게 된다. 정작 인간답게 사는 공동체는 독특하고 개별적인 속성들을 부양하고 격려해서 다소 시끄럽고 어지럽고 효율성이 떨어지더라도 다 같이 인간답게 살아야 하는데, 그런 것이 사라져 버린 것이다.

―

이는, 무엇이든 단일하게 개념 짓는 것을 거부하는 니체 특유의 세계관에서 비롯되었다. 한 발 더 깊이 들어가 보자. 니체는 우선 어떤 시스템이라는 것을 거부한다. 니체 철학의 핵심 개념인 '영원 회귀'를 기준으로 한 번 보자. 니체는 『이 사람을 보라』에서 '영원 회귀'가 『차라투스트라는 이렇게 말했다』에 나오는 기본 개념을 더 진전시킨 것이라고 했다. 그뿐이다. 더 이상 깊이 있게 설명하지 않았다. 니체 스스로 '영원 회귀'야말로 자신의 여러 개념 가운데 가장 중요한 것이라고 말했지만, 어느 자리에서도

경계를 짓는 것은
가두는 것이다.
벗어나고 싶으면, 허물어라.

© 부산 연산동, 2018

© 부산 광복동, 2018

그것을 쉽게 풀어 설명한 적이 없다. 여러 맥락을 살펴본 후 그의 뜻을 짐작해 보니, "세계의 모든 사건은 순환을 통해 동일한 순서로 영원히 반복된다, '지금'과 '여기'가 앞으로 다가올 그 미래와 동일한 것이고, 그래서 지금 여기의 고통과 싸워 극복하는 자가 영원으로 가는 자"라고 이해하지만, 어디까지나 해석일 뿐 정의는 아니다.

———

저자부터가 자신의 철학의 핵심 개념에 대한 정의를 내리지 않았으므로 독자는 누구든 달리 해석할 여지를 충분히 누릴 수 있다. 20년 가까운 기간 동안 니체가 집필한 수십 편의 논문과 책 대부분이 아포리즘에 가깝고, 문학적으로 매우 상징적이고 은유적이기 때문에, 여러 가지로 해석될 수 있다. 설명이나 논증이 아닌 열린 해석으로서 여지의 확장, 이것이 니체가 스스로 행한 반(反)규정의 철학 글쓰기다. 그래서 그 이후의 세계 지성사가 그의 아포리즘에 열광하고, 수많은 학자들과 문인들이 해석과 비판을 겹겹이 해나가면서 니체의 사유가 계속 확장된 것 아닌가. 그로 인해 포스트모더니즘의 문이 열리고 인류 지성계에 새로운 활로가 열린 것 아닌가. 그러니 쉽게 규정하고 단정하고 정의 내리는 것은 이 시대에 지성으로서 따라야 할 자세는 아닐 것이다.

니체는 우리가 종교든 학문이든 삶의 방편이든 이념이든 간에 뭐든지 각각 그리고 수시로 맥락에 따라 깊이 들여다보기를 요구한다. 집을 보는 일로 치면, 지상 가옥이라는 표면만 살펴보지 말고, 그 건물의 토대가 되는 지하까지 봐야 한다는 것이다. 정의나 규정 등을 따르면 어떤 특정 관점만을 살펴보는 것이기 때문에 누군가의 생각에 그냥 따라가는 것이니, 그것은 집의 지상 건물만 보는 것과 같다. 그 집의 진정한 상태를 알기 위해서는 지하로 내려가서 살펴야 하는데, 그것은 그 정의의 근저에 존재하는 여러 가지 것들을 역사적으로 계보를 훑어 올라가봐야 한다는 것이다. 그 과정에서 니체는 뒤에 가려지거나 밑에 감추어진 것들을 파악해야 하는데, 정 알 수 있는 근거가 없으면 추측을 통해서라도 해야 한다고 했다. 과학의 철저한 배제와 성찰의 강조다. 니체는 그러한 작업을 수수께끼를 푸는 것이라고 하면서 그 수수께끼에 빠지는 자에게 열광하라고 했다. 그는 무엇이든 열린 답을 구했고 그 과정도 열려 있기를 원했던 것이다.

　

　결국 중요한 것은 다름에 대한 인정이고 다양성의 추구다. 최대 다수의 최대 행복과 같은 숫자의 접근은 평균 유지를 위한 다수의 폭력에 지나지 않는 것이니 멀리 해야 한다. 그에 의거한 삶을 살면 생존은 할지 모르지만, 삶은 초라해진다. 남는 것은 법칙이나 체계라는 다수가 다수를 위해 다수에 의해 만들어 놓은 신화일 뿐이다. 우리가 그 안에서 흔히 원인과 결과라고 믿는 과학적 논리는 신화적 허구이고, 숫자나 법칙이라고 하는 것은 물질 숭배의 합리화를 시각적으로 보여주기 위한 방편일 뿐이다. 이것이 지금 우리가 믿고 따르는 근대성이고, 그에 기초한 민주제와 자유주의의 본질이다. 나는 인류가 이들보다 더 좋은 체제를 찾아낼 수 있을지에 대해서는 알지 못한다. 그것이 최적의 체계일지 아닐지에 대해서는 잘 모르지만, 그것을 따르고 그 안에서 문제를 찾아 보완하면서 새로운 길을 찾는 것을 포기해서는 안 된다. 그 고민의 실마리를 니체를 통해 씨름하는 중이다.

22. 원인

오히려 한 그루의 나무가 열매를 맺는 필연성으로, 우리
의 사상과 가치, 우리의 긍정과 부정, 가정(假定)과 의문
이 우리 안에서 자라나는 것이다——모두 서로 친밀하고
밀접한 관계를 맺고 있으며, 하나의 의지, 하나의 건강,
하나의 토양, 하나의 태양을 증언하고 있다——이러한 우
리의 열매들이 그대들의 입맛에 맞을는지?——그러나 이
것이 나무와 무슨 상관이 있다는 말인가! 이것이 우리와,
우리 철학자들과 무슨 상관이 있단 말인가!……

——『도덕의 계보』, 서문, 2

'사회과학'이라는 개념이 있다. 근대에 생긴 개념인데, 현재로
서는 이 세계의 압도적인 지배 담론의 위치에 올랐다. 사회를 과
학으로 본다는 것인데, 어떻게 사람이 사는 세상을 과학으로 본
다는 생각을 하게 되었을까? 처음 그 생각을 한 사람들은 사람들
이 모여 사는 사회도 생물처럼 시간이 지나가면 늙고, 환경에 따

라 진화하듯 변한다고 생각하였다. 그래서 생물을 다루듯, 사회 또한 과학적으로 분석하고 검증하고 실험하여 데이터로 만들고 통계로 처리하여 이해할 수 있다고 생각한 것이다. 그래서 사람들이 사는 세상에 '평균'이나 '다수'라는 개념이 생겼고 '발전'이나 '쇠퇴'라는 말을 적용하기 시작했다. 사람 사는 사회에서 일어난 여러 현상을 과학적으로 설명을 하는데 특히 그 원인과 결과의 관계를 분석하는 일이 잦아졌다. 심지어는 사회과학의 직계가 아닌 역사학에서도 마르크스주의에 입각한 과학적 역사관이 영향력을 키우면서 어떤 역사적 현상에 대한 인과 관계를 분석하는 것을 필수 작업으로 간주하였다. 그 안에서 생산과 소유의 단일 요소에 따라 칼로 무 자르듯 명쾌하게 역사를 분석하는 일이 대세를 이루곤 했다. 그런데 과연 역사가 그렇게 인과 관계가 명쾌하게 드러나도록 분석이 가능하던가? 어린아이에게 물어봐도 누구든 알 수 있을 정도의 물음을 역사학자들이 갖지 않는다. 현재로서는 그것을 허물어 버리면 역사학이라는 학문 자체가 허물어져 버리기 때문일 것이다.

─

　　니체는 사회과학이든 자연과학이든 과학에 의한 인과의 분석은 세계에 대한 설명이 아니라 세계에 대한 하나의 해석이라고 하면서, 과학은 단지 세계를 표상 가능하게 만들 뿐이라고 했다. 즉 물리적 힘은 기술이고 해석이지 어떤 현상이 생기게 되는 궁극적 원인이 아니라는 것이다. 만약에 우리가 과학적으로 만유인력의 존재를 증명한다면, 그와 비슷한 개념으로 모든 현상의 주체로서 어떤 근본이 존재한다는 것을 생각하지 못할 것도 없는 일 아닐까? 기독교에서는 그 근본적 원인을 '말씀(로고스)'으로 보았고, 불교에서는 그것을 유정(有情)으로 보았다. 이와 비슷한 차원으로 니체는 그것을 '힘'으로 본 것이다.

———

니체는 인력이든 척력이든 그런 힘들은 현상이고 작용이며 파생물이지, 그것이 어떤 현상을 독립적으로 있게 하는 원인이 될 수 없다고 했다. 우리가 보는 현상들의 궁극적 원인은 어떤 사건이 내부에서 발생한 징후로 나타나는 것이어야 한다고 했다. 그래서 그 힘에 대한 의지가 없으면 아무 사건도 일어나지 않는 것이다. 우리 눈에는 변화처럼 보이는 것이지만, 그것은 근본적인 변화가 아니기 때문에 그러한 것들이 제 아무리 많이 일어나도 결국 근본적으로 변하는 것이 없다. 그러니 이 세계를 운영하는 어떤 법칙이라는 것은 있을 수 없다. 그 안에 우연의 요소가 작동하는 것은 두말할 필요도 없고, 그 '힘'이라는 것이 방향이나 정

© 부산 재송동, 2016

무엇에 갇혀 있는가?
무엇에 압도당하는가?
그 원(原)은 무엇이고 인(因)은 무엇인가?

© 부산 해운대, 2018

도가 일정하지도 않은데다 사람에 따라 달라질 수밖에 없다는 것도 너무나 자명한 이치다. 그러니 사회과학자 마르크스가 말하는 법칙이라는 것은 고려해 볼 여지가 전혀 없이 철저히 부정당한다. 니체가 바라본 힘에의 의지로서의 세계에는 일목요연하게 운항하는 질서라는 게 없고, 다양한 힘이 전개되고 분화되어 나가면서 끊임없이 생멸이 반복되는 과정만 있을 뿐이다.

—

지난 일을 돌이켜 생각해 보자. 그 모든 일들이 어떤 원인과 결과가 필연적으로 상통하는 차원에서 일어났던가? 아니면 자신이 비록 파악하지 못하는 어떤 우연이라는 요소가 강하게 작용하였던가? 후자를 부인하는 사람은 없을 것이다. 그럼에도 학문하는 사람들은 후자를 말하지 않는다. 그것은 학문이라는 것 자체가 전자 즉 과학성이라는 근대성을 전제로 하여 성립하기 때문이다. 예컨대, 내가 부산의 한 대학에서 대학교수로 있게 된 것은 우연의 요소가 많이 작용했다고 생각한다. 그래서 감사하지도 않지만, 불평도 하지 않는다. 내가 관여할 수 없었던 영역이니, 그저 긍정적으로 받아들이기만 하면 될 일이다. 우연이 없는 필연의 세계, 결정론으로 분석이 가능한 세계, 그런 세계는 없다. 만약 그런 것이 있다면 내가 사는 세계를 예측할 수 있어야 한다. 그러나 그런 예측은 어느 누구도 할 수 없다. 다만 그런 것처럼 사회과학이 과거를 법칙적으로 결과를 짜 맞추어 이해할 뿐이다. 그러니, 그런 과거는 엄밀히 실제로 있어 본 적이 없는 것이다.

—

니체가 기독교를 강력하게 비판할 수 있었던 것은 바로 이 '원인'이라는 것이 기독교에서 말하는 것과는 달리 불규칙적이고 체계적이지 않다는, 그래서 인과관계가 일목요연한 것이 될 수 없다는 것 때문이다. 그렇게 되면 전지전능한 신이라는 개념이 성립될 수 없다. 우연의 세계는 신의 로고스가 영향을 미칠 수 없는 세계이기 때문이다. 바로 이 반(反)인과론으로 인해 우리는 신에게 저항할 수 있게 되었다. 그런데 그런 일은 일어나지 못했다. 기독교의 이성 중심의 이분법에 따른 절대 존재로서의 신의 섭리론을 믿고 따르는 사람들이 다시 그 기독교의 계보를 따라 근대를 만들어냈기 때문이다. 그러다 보니 이제 신은 과학의 논리까지 대동하여 절대 권한이 더욱 막강해졌다. 그 아래에서 과학과 이성의 근대 자본주의가 '발전'하면서 사람들은 더 막강해진 새로운 신에 종속될 수밖에 없게 되었다. 그 원리에 동의하지 않는 사람들은 근대화되지 못한 혹은 합리적이지 못한 혹은 사회에 속할 수 없는 어리석은 사람으로 규정되었다. 다양과 이질의 복합적 세계를 배제시키고 죽여 버린 것이다.

—

　기독교가 업그레이드된 버전인 근대성 안에서 인간은 만물의 영장이고 지구의 주인의 위치에 오른다. 모든 사물의 존재 가치는 인간의 의도나 목적에 따라 결정되고, 그 모든 것들이 움직이는 것은 질서와 체계에 따라 필연적으로 일어나는 일이 된다. 그것은 신의 뜻이고, 과학이 증명해 준다. 그러한 세계관 안에서 인간은 어떤 일에서도 개체로서 존재할 수가 없다. 개별적으로 진리를 파악하려는 것은 광기일 뿐이고, 그 광기는 사회의 질서와 다수의 이익을 위해 격리되어야 한다. 모든 것이 유기적으로 연계되어 있는 불교에서 말하는 인드라망(網) 같은 사고는 찾아볼 수 없다. 오로지 하나의 눈, 하나의 세계만 존재해야 할 뿐이다.

23. 긍정

나이가 60이 넘으니 비로소 그 '성질 머리'라는 게 조금이나마 잡힌 듯하다. 한편으로는 조금 여유가 생겨 좋기도 하지만 다른 한편으로는 분노가 사라진 것 같아 서운하기도 하다. 그렇게 변한 데에는 생리적 현상이 있기도 하겠지만, 그것은 원인이라기보다는 여러 현상 중의 하나일 테고, 결국 '운명'이라는 것에 대한 관점이 변해서일 것 같은 생각이다. 그래서 누군가 젊을 때와 나이가 어느 정도 들었을 때와 가장 달라진 점을 하나만 꼽으라고 물으면, 나는 주저하지 않고 '운명'이라는 것을 인정하는 것이라고 답한다. 삶을 살아오면서 지난 세월이 어느 정도까지 운명적인 것이었는지, 어느 정도까지 운명과 관계없이 노력으로 개척하고 뜻을 세워 이루었는지에 대해선 정확하게 가늠할 수는 없지만, 이제 와서 생각해 보면, 니체가 말하는 바대로, '아모르 파티(amor fati, 운명 사랑)'만큼이나 긍정적이고 적극적으로 운명을 받아들이지는 못했다. 그러다 어느 때부터인가, 적어도 그 이전 젊었을 때와 비교했을 때 나라고 하는 한 인간이 의지와 노력으로 해낼 수 있는 것이 그리 크지 않다는 것을 깨달은 것 같다. 그리고 운명에 대한 긍정적인 발걸음을 딛기 시작했다.

—

인간이 어떤 본성과 특질을 가지고 태어나고, 자라나면서 그 생물학적 실체가 사회 속에서 어떤 작용과 반작용을 만들어내는지에 대해 생각해 본다. 자신의 책임은 그리 크지 않을 것 같다는 생각을 나이가 들면서 더욱 많이 하는 듯하다. 어쩌면 시간이 흐르면서 그가 처한 특정한 상황과 환경마저도 전적으로 그가 선택할 수 있는 종류의 것이 아닐 것이라는 생각이 점차 커지는 듯하다. 그의 운명은 이미 존재했고 또 앞으로도 존재해야 할 어떤 운명에서 분리될 수 없다는 정도로 사고의 방향이 흐르는 것 같다. 인간의 삶은 특정 의지나 특정 목적의 결과만은 아니고, 주어진 운명을 받아들이는 속에서 그 의지를 키우는 것이 바람직하지 않을까라는 생각에 완연히 사로잡혀 있다.

———

운명이란 취사 선택의 대상이 아니다. 운명을 사랑한다는 것은 통째로 긍정을 하라는 것이다. 자신에게 주어진 운명 가운데 그 어떤 것도 예외로 두어 배제하거나 골라내지 말라는 것이다. 이는 현상을 특정한 측면만으로, 인위적으로 규정하거나 정의 내리기를 부정하는 니체 특유의 세계관에서 나온 것이다. 특정한 뜻이나 목적에 따라 행위를 국한시키고, 이성이나 과학을 기준으로 삼아, 그 기준에 못 미치는 것을 배제하거나 평가절하하는 것을 부인하는 태도다. '자연'이 의미하는 바, 모든 현상을 있는 그대로 받아들이는 태도를 원하는 것이다. 니체가 스승으로 삼은 스피노자가 생각한 대로 신은 자연으로부터 그리고 자신의 창조물로부터 분리될 수 없다는 사고와 같은 선상에 있다. 자연은 신과 마찬가지로 궁극적으로 이해하기가 불가능한 존재라서 그렇다. 우리는 자연을 가능한 한 이해하려고 시도할 뿐이다. 그 자연과 같은 것이 영원이라는 시간 속에서 회귀하고 또 회귀하여 반

칠흑같이 어두운 밤, 빛이
긍정은 아니다.
그 밤, 자체가 긍정이다.

© 부산 금련산, 2020

© 부산 금련산, 2020

복하고, 그 속에서 현재의 자신의 삶이 나타나기 때문에 그것을 회피할 수가 없어서 그렇다. '피할 수 없으면 즐겨라'는 우리가 흔히 쓰는 그 시쳇말을 '즐기는 것으로는 부족하다. 적극적으로 사랑하라.'로 더 적극적으로 해석할 수 있겠다.

———

그러면 어떻게 하는 것이 운명을 긍정하여 사랑하는 것이 되는가? 니체는 중력의 힘을 거스르며 춤을 추듯이 가볍게 비상하라고 한다. 여기에서 중력을 극복한다는 것은 자신을 억누르는 모든 종류의 짐 즉 종교, 신화, 도덕, 관습, 시스템 등으로부터 벗어나야 한다는 것이고, 이성, 과학, 근대성 등을 기준으로 타자를 규정하고 평가하는 따위의 짓을 행하지 말라는 뜻이다. 춤을 추려면 몸이 가벼워져야 하듯, 삶 또한 가벼워져야 된다는 뜻이다. 몸이 가벼워지려면 무엇보다 춤을 추는 자기 자신을 사랑하는 것이 절대적으로 필요하다. 또 춤을 추듯 하라는 것은 삶을 예술로 만들라는 의미로도 이어진다. 여기에서 니체의 예술은 디오니소스로 연결됨을 상기해 보자. 디오니소스는 술의 신이다. 도취와 망각의 신이다. 아폴론이 비전을 만들어 그 안에 묶여 있음에 반해 디오니소스는 도취하고 망각하는 신이다. 아폴론이 니체의 비유대로 말하자면 낙타이고 디오니소스는 어린아이인 셈이다. 그러니 어린아이처럼 얽매이지 말고, 무슨 좋지 않은 일을 당했더라도 금방 잊어버리고 새로운 놀이를 찾아 자유롭게 살면서 오로지 자기 주체를 힘의 원천으로 삼아 살라는 의미다. 도덕이고, 희생이고, 체면이고, 질서고 그런 것을 신경 쓰지 말고 살라는 의미다. 그러니 결국 니체의 '아모르 파티'는 삶을 축제처럼 즐기라는 것이다. 자기 자신을 믿고 그 자신이 행위의 주체가 되어 운명을 긍정, 초긍정 하면서 즐기라는 언명이다.

———

당신의 삶은 어떠한가? 특히 과거에 민주화운동, 노동운동, 통일운동 등을 온 몸과 마음을 다 바쳐 그 어려운 난관을 헤쳐 온 사람이라면 대답하시라. 그 숱한 고통의 시간을 거치면서 자신도 희생하고, 가족도 희생하고, 주변에 남은 것은 허무밖에 없다고 생각하는 당신에게 묻는 것이다. 당신은 왜 허무한가? 삶에 대한 의욕이 사라져 버려서 그럴 텐데, 그것은 결국 여전히 고통 속에 존재하는 당신의 현존재에 대해 당신이 신뢰하는 것이 사라져 버렸기 때문일 것이다. 결국 해석의 문제이다. 마치 모든 것이 허무하게 다 사라져 버린 것처럼 '보이는' 것이다. 그러니 다 떠나고 나만 홀로 남은 그 우둔함이 빚어낸 허무함을 긍정해야 한다. 그것마저 통째로 받아들여 삶을 운명적으로 사랑하는 것으로 크게 전환해야 한다. 그러면 극복할 수 있다. 반면에 세상을 등지고 포기하고 밖으로 나가버리면 또 다른 목적, 규정, 시스템이 만든 삶 속으로 들어가게 된다. 그 안에서는 희생, 자비, 도덕, 대의 등 '이타'라는 위선을 떨 수밖에 없게 된다. 그러면 또 다른 허무의 세계로 들어가게 된다. 그러니 삶을 가볍게 하고 자유롭게 사는 게 옳다. 과거를 정리하고, 의미를 부여하고, 계산하고, 미래의 계획을 세우는 것으로부터 벗어나서 마냥 다 잊고 술과 함께 놀고 즐기는 축제에 온 것처럼 살아가는 것이 좋다. 구체적으로 어떻게 하는 것이 그렇게 사는 것인가라고 묻지 않는 게 좋다. 그 해석조차도 당신의 몫이고, 당신만의 것이니까.

24. 공동체

착한 자나 악한 자나 모두 다 독을 마시게 되는 곳, 그곳을 나는 국가라고 부른다. 착한 자나 악한 자나 모두 다 자기 자신을 상실하는 곳, 그곳을 나는 국가라고 부른다. 모든 사람이 자살을 하며, 바로 그것을 삶이라고 부르는 곳, 그곳을 나는 국가라고 부른다.

— 『차라투스트라는 이렇게 말했다』, 새로운 우상에 대하여

코로나19 바이러스가 이렇게 무서운 것인지, 미처 몰랐다. 웬만한 전쟁보다 훨씬 많은 사람을 죽였으니, 그 때문에 내가 겪은 것들 가운데 가장 치명적인 인류의 재난을 겪고 있다. 재난을 겪으며 또 하나의 문화를 어렴풋하게 짐작하게 되었다. 기독교적 세계관과 유교와 불교가 혼합되어 만든 세계관에 사는 사람들이 그 재난에 대처하는 태도가 다르다는 사실이다. 심한 일반화를 하자면, 전자는 개인의 자유를 무엇보다 중시하는 흐름에 있고 후자는 공동체의 안녕을 중시하는 입장에 있어서 그런 것으로

보인다. 전자는, 그것이 옳든 그르든, 국가가 개인의 자유를 강제하는 것에 동의하지 않는다. 죽더라도 개인의 자유가 최우선이다. 반면 후자는 공동체가 복리와 안녕을 증진시키는 목적이라면 개인의 자유는 희생의 대상이 될 수 있다는 사고다. 어느 것이 옳고 그른지에 대해서는 말할 수 없다. 보는 사람에 따라 달라지는 것이고 그 사람 스스로가 특정한 문화 속에서 자라난 사람일 것이기에 객관적인 판단이 어렵다고 본다.

———

이와 관련하여 니체가 가진 개인과 공동체에 대한 관계를 생각해 보기로 하자. 그의 철학은 기본적으로 공동체와 관계한 사고 체계다. 그런데 그 스스로 공동체에 속하는 것을 거부함으로써 타자로서 관계한다. 전형적인 타자로서의 철학이 된다. 서구 세계는 개체를 찬양하고, 그 개체성이 자신이 속한 공동체로부터 독립된 자유임을 부르짖지만, 사실은 그와 반대다. 그 개체가 오래된 전통에 얽매어 있어 실질적으로는 개체는 없고, 공동체만 힘을 발휘하는 것이다. 이러한 맥락에서 니체는 근대 유럽이 만들어낸 자유니 민주니 하는 개념을 철저히 반(反)개체성의 시스템이라고 비판한다.

니체의 사고를 따르면, 기독교와 근대라는 전통과 이념을 따르는 자들은 종교심이라는 본성을 지배 틀로 변형시켜 다른 개체들을 종속시키며 살아왔다. 그래서 그들은 겉보기와는 달리 진정한 공동체주의자가 된다. 그들이 구성하는 공동체를 관통하는 보편성이란, 전통과 도덕에 반하는 독립적 개체를 일방적으로 희생하고 질서를 따르도록 시키는 것이다. 겉으로는 개인의 자유를 부르짖지만 사실은 철저히 공동체적 규율을 강요하는 것이다.

공동체에는 여러 가지가 있다. 혈연 공동체인 가족에서부터 지역 공동체 혹은 민족 공동체까지 여러 종류가 있고 그 성격들도 각기 다르며 딱히 몇 가지로 나누어 구별할 수 없다. 그것은 각각의 공동체들의 성격이 변화하고 있기 때문이다. 여러 공동체 가운데 니체가 가장 많이 비판을 한 것은 국가다. 국가란 기본적으로 질서를 지키기 위해 개인을 억압하는 존재이기 때문이다. 국가를 유지시키기 위해 반드시 어떤 법이나 체계를 필요로 하고 도덕을 부지불식간에 만들어 작동시키기 때문에 니체는 그것을 비판했다. 따라서 국가가 내세우는 가치는 니체의 최고 가치인 개체의 실존 가치와 정면으로 충돌한다. 그래서 국가를 배신하는 것이나 국가를 거짓으로 속이는 것에 양심의 가책을 느낄 필요는 없다고 본다. 같은 맥락에서 니체는 지금 현대 정치가 전가의 보도처럼 신봉하는 민주제에 대해서도 비판을 거두지 않는다. 그것은 민주제가 개체의 특이성을 말살시키기 때문이다. 근본적으로 특이성들의 평등 체제가 아니라 특이성 없는 것들의 평등 체제라는 것이다.

―

그러니 니체의 민주제 부정을 문자 그대로 해석하여 여러 정치 체제 가운데 민주제를 부정한 것으로 강조하는 것은 곤란하다. 그가 민주제가 아닌 전체주의나 사회주의를 지지했다면 민주제를 혐오하는 것으로 해석할 수는 있지만, 그는 민주제든 아니든, 그 어떤 것이든 공동체를 혐오하였다. 이는 결국 니체의 민주제 부정은 오로지 창조적인 개인에게만 가치를 부여할 뿐 그 외의 모든 체제는 부정한다는 의미로 해석해야 바람직할 것이다. 니체에 있어서 민주제의 비판은 독재제의 찬양이 아니고 공동체가 아닌 개체의 찬양인 것이다. 니체의 글이 주로 아포리즘이고 논리를 싫어하고 감성을 가치 있게 생각하기 때문에 설명이나 논증을 건너뛰다 보니 그의 민주제 비판을 오해하곤 하는 사람들이 있어서 안타까울 뿐이다. 최대한 그들의 의견을 받아들인다고 해도, 니체는 민주제를 반대했다는 데 동의한다 치더라도, 그를 독재나 전제 정치를 하는 체제를 옹호하는 것으로 해석하는 것에는 동의할 수 없다.

—

좀 더 구체적인 사실을 말해 보자. 사회에서 여러 집단들이 민주와 평등에 가까이 가면 서로 다른 다양한 집단이나 계층 간의 대립이 극에 달하게 되어 있다. 이것은 최근 검찰 개혁을 둘러싸고 그 이익을 빼앗기지 않으려고 하는 쪽이 얼마나 극렬하게 갈등을 유발시키는지를 보면 쉽게 알 수 있다. 검찰은 그렇다고 치더라도, 자신의 이익을 위해 언론으로서의 가치와 명예를 헌신짝처럼 버린 거의 모든 언론이 일으키는 집단 갈등이나 검찰의 반동을 노골적으로 지켜주는 법원의 행태를 봐도 그 갈등이 얼마나 민주제 안에서 극에 달하게 되는지를 쉽게 알 수 있다. 그뿐인가? 자본의 횡포는 어떤가? 주요 재해로 인해 노동자 가운데서도 사회적 위치가 아주 취약한 비정규직 노동자가 연달아 목숨을 잃는 일이 벌어지는데도 그들은 오로지 이익을 위해서 그런 일이 일어나지 않도록 조치를 취하는 법 제정을 노골적으로 반대한다. 사람 목숨을 그야말로 파리 목숨 취급하는 게 아닌가? 이런 것이 과연 민주제가 아직 제대로 꽃피지 않아서 나타난 현상이라고 말

혼자만 잘 살믄 뭔 재미여,
라고 말하지 않던가?
진짜로 그러하던가?

© 부산 망미동, 2020

© 부산 우암동, 2009

할 수 있을까? 그래서 민주제를 더욱 꽃피워야 한다고 말할 수 있는가? 제도의 문제보다는 개인 개체의 유약함에 기인한다고 보는 니체의 판단이 더 근원적이라고 본다. 개인이 그 제도 안에서 강한 저항성을 잃고 유약하고 무기력하게 쓰러져 있어서 특히 가지지 못한 자가 가진 자가 세운 법과 질서 도덕에 묶여 제대로 저항하지 못해서 그러는 것이라고 본다. 궁극적으로 개인의 저항의 힘이 키워지지 않는 한 공동체의 성격이 어떻더라도, 그 안에서 인간은 존엄을 확보할 수는 없다.

———

그러니, 반드시 모든 이가 똑같이 대접받아야 한다, 똑같이 사회적 지위를 누려야 한다, 가난하고 힘 없는 사람이 피해자니 이건 사회 구조의 문제다라고 말하는 것에 전적으로 동의하지는 않는다. 여성이 하는 역할과 남성이 하는 역할이 왜 기계적으로 동일해야 하는지에 대해서도 마찬가지다. 선생과 학생, 부자와 빈자, 정치 지도자와 일반 국민 모두 마찬가지다. 차이를 억지로 없애고 동일한 평등을 추구하는 것이 과연 인간 개인에게 더 좋은 사회를 만들어주는 길인가에 대해서는 의문을 던진다. 문제는 휴머니즘이지 이상주의에 기반한 이념이나 어떤 체제는 아니다.

25. 위계

태생과 환경, 신분과 직위에서 볼 때, 혹은 시대의 지배
적인 견해로 볼 때 예상되는 것과는 달리 생각하는 사람
을 자유정신이라고 한다.

—『인간적인 너무나 인간적인』I, 225

인도 사회의 카스트 체계를 분석한 프랑스 사회학자 루이 뒤
몽(Louis Dumont)의 『Homo Hierarchichus(위계인)』를 보면 인도
인은 유럽에서의 사회 계급이나 계층 차원이 아니고 기본적으로
인간 속성으로서 위계적 본능을 지녔다고 한다. 그것이 카스트
체계로 나타난 것이라는 말인데, 우주 만물 모든 것을 사중 위계
로 분류하는 사고 체계를 뼛속 깊이 갖는 인도의 카스트 사회 문
화에 대한 분석으로, 이 분야에서 가장 널리 인정받는 저술 가운
데 하나임에는 분명하다. 물론 역사적 관점으로 시대 변화를 중
점적으로 다루지 않고 주로 경전을 놓고 정태적인 분석을 하였지
만. 본능으로서의 위계, 이것이 인도 사회에서만 나타나는 특장

점인지 인류에 보편적으로 나타나는 특장점인지에 대해서는 나는 잘 모른다. 다만, 니체는 이에 대해 위대한 정치가 지상에서 이루어질 때는 인간과 인간 사이의 위계질서가 사다리로 그것도 엄청나게 긴 사다리로 있을 것이라고 했다. 여기에서 '사다리'를 예의 정신적 차원에서의 위계로 해석해야 옳은지 실질적인 반민주적 사회 질서를 인정하는 차원에서의 위계인지에 대해서는 난 모른다. 다만, 철학자인 니체가 그 분야에 대해 하는 말은 귀담아 들어야 하겠지만, 그것을 사회 체계로 구체화시키는 데는 전문가가 아니니, 구체적인 사회 현상에 관한 주장은 귀담아 들을 필요가 없는 것이다. 나는 인간에게 정신적으로 우와 열이 있음을 인정하는 니체의 입장에 동의한다. 단, 비(非)정치사회적 의미로서만 받아들인다. 위계질서가 세워진 이후에만 행복할 수 있다는 등 차라투스트라가 남긴 반(反)민주제에 해당하는 말들을 나는, 모두 정신적 위계질서에 관한 언명으로 해석한다.

———

　니체가 의미하는 바 '카스트'는 단순히 태어날 때부터 출신에 따라 이루어지는 것을 의미하지 않는다. 개체가 입증하는 여러 가지 능력에 따라 이루어지는 것이다. 누구나 다 알듯, 인도에는 카스트가 있고, 카스트 체계는 다른 나라에서와는 달리 아직도 없어지지 않은 채 여전히 주요 사회 체계로 기능하고 있다. 다만 헌법에 의거하여 불가촉천민과 카스트로 인한 차별만 금지되어 있을 뿐이다. 일반적으로 널리 알려진 바와는 달리, 붓다와 간디는 카스트 자체를 없애려 하지 않았다. 혈통으로 내려오는 카스트가 바람직하지 못하고, 남을 차별한 것이 문제지, 누가 얼마나 바른 생각을 하고, 얼마나 바른 행동을 하느냐에 따라 사람은 차이가 날 수밖에 없고, 그렇더라도 그 사람들은 사회에서 계급으로 차별을 두어서는 안 된다는 취지를 말하였을 뿐이다. 붓다는 카스트가 첨예하게 갈리고 그 위에서 높은 카스트가 낮은 카스트를 지배하고 착취하는 것을 비판하면서 사회 밖에 세상을 버리고 나온 사람들을 모아 느슨한 공동체를 만들었다. 그곳은 카스트 구별과 차별이 없는 사회다. 간디도 비슷하다. 현실에서 카스트 간의 지배와 착취 관계를 버리고 신화에 나오는 서로 다른 카스트가 존중하고 화합하는 이상 사회를 향해 가자고 했다.

———

이 둘이 추구하는 사회는, 둘 간의 차이는 있겠지만, 분명히 현대의 민주제 체제와 비슷하다. 그들을 인간 사이의 차별을 묵인하고 조장하는 반(反)민주 봉건주의자로 폄훼해서는 안 된다고 본다. 니체의 민주제도 마찬가지다. 모든 사람이 평등하게 가는

◎ 부산 수영동, 2016

© 부산 망미동, 2018

평등한 세상은
자연에 있고,
자연은 원(圓)에 있다.

사회는 인간 개체의 독립성을 해치는 것이고 그것은 어떤 신화와 이념에 종속되는 것이라고 봤다. 그것은 사회 제도에 관한 언설이 아니다. 인간 계발에 관한 것이다. 분명하게 말하자. 인간에게 차이는 있다. 주어진 것을 어떻게 받아들이고, 어떻게 자기 자신을 계발하며, 어떤 능력을 만들고, 어떤 미래를 만들어 가는지에 대한 차이는 있다. 나는 그렇게 생각한다. 그렇다고 나를 봉건주의자나 반민주제 옹호자라고 비판하는 것에는 동의할 수 없다.

───

그러니 결국 니체에게서 위계란 정신적 위계다. 그가 자주 쓴 노예, 귀족, 주인 등과 같은 용어 또한 정신에 관한 것이지 사회나 정치에 관한 의미는 아니다. 그는 주인이 될 수 있는 자격으로 오로지 정신력과 그것의 실천을 말했다. 거기에 정신의 힘이란 가변적인 것이기 때문에 이러한 구분조차도 가변적이라고 했다. 주인 의식을 가지고 주인적인 삶을 살면 주인이 된다는 것이다. 철저히 철학적인 언명일 뿐이다. 그러니 니체의 위계에 대한 이해는 보편적인 것이 아니다. 오로지 개체로서 자기 자신이 어떻게 이해하느냐에 달려 있을 뿐이다. 니체에 따르면, 인간 능력에 차이가 있는 것은 인간의 본질인 것인데, 그것이 기독교의 '신 앞에서의 평등'이라는 개념 때문에 약해지고 나중에는 인간이 평균에 수렴하는 어떤 종(種)으로 사육되었다는 것이다. 즉 각자의 능력으로는 분명히 차이가 있는데, 그것을 어떤 대의명분과 도덕에 의해 억지로 같아지게 만들었으니, 기독교에 의해 인간 고유 본성인 '힘'이 약화된다는 것이다. 그러니 기독교 안에서 사랑과 희생을 베푼 사람들은 그런 평균화의 체계를 더욱 굳힌, 그래서 인간의 '위계'의 힘을 약화시키는 잘못된 사람이다. 소위 평등주의자들은 인간 본능에 의한 자연의 질서를 거스르고 존재할 수 없는 환상을 사람들에게 주입함으로써 시민을 대중이라는 카테고리로 하향 우민화시킨다는 것이다. 민주제가 그런 시스템 가운데 하나라고 본다.

―

니체가 정신적인 문제를 말하고자 하면서 꾸준히 사회정치 제도에 대해 언급하는 이유는 따로 있다. 역시 철학자 니체답게 사회 시스템을 비롯한 모든 사회적인 문제는 궁극적으로 철학의 문제라고 보았다. 그가 바란 것은 서로 다른 유형들이 공존하는 사회의 전체적인 고양이다. 그런데 그 사회의 고양에서 어떤 가치를 결정하고 문화를 창조할 수 있는 일에 뛰어난 소수가 중요한 역할을 한다는 것과 서로 다른 유형들이 전체적인 유기성 속에서 본질적으로, 마치 자연에서 나타나듯, 떼려야 뗄 수 없는 관계를 맺을 때 사회가 더 건강하게 된다고 본 것이다. 그러니 '소수'에 초점을 맞추면서 그를 반민주제 옹호자로 비판하는 것은 사실 억설이다. 전체가 각자에게 주어진 역할을 다 하고 그 과정에서 소수가 이끌어 나가는 역할을 하는 것이 건강한 공동체를 만든다는 것은 바람직한 현실이다. 그것은 분명 민주제와 모순되지 않는다. 니체가 말하는 것은 바로 이것이다.

———

　니체는 위대함을 긍정했지만, 그것을 숭배하지는 않았다. 사랑은 하되 맹목적인 사랑은 하지 않는다는 말로 바꿔 보면 훨씬 더 현실적 차원에서 그의 '위계'를 잘 이해할 수 있을 것이다. 우리는 이미 현실 세계에서 위대한 정치·사회·문화적 지도자를 바라고, 그를 존경한다. 그렇다고 우리가 그를 숭배하는 것은 아니다. 니체가 말하는 바를 나는 이렇게 해석한다.

26. 경쟁

참된 것의 전제정치에 반대.──비록 우리의 모든 의견이 참이라고 생각할 정도로 우리가 미치광이같이 된다고 할지라도, 우리는 이 의견들만이 존재한다고 하는 것은 바라지 않을 것이다.──진리의 단독 지배와 전능이 어째서 바람직스러운 것인지 나는 모를 것이다. 진리가 커다란 힘을 가진다고 하는 것만으로 나에게는 충분한 것이다. 그러나 진리는 싸울 수 있지 않으면 안 되고 적을 갖지 않으면 안 된다. 그리고 우리는 때때로 진리로부터 참이 아닌 것으로, 옛 상태로 돌아가지 않으면 안 된다.── 그렇지 않으면 진리는 우리에 대하여 지루하고 무력하고 맛없는 것으로 되고, 또 우리를 역시 완전히 그런 것으로 만들어버릴 것이다.

──『서광』, 507

코로나가 창궐한 이때 소위 '집콕'의 기간이 길어지면서 삶의 모습이 너무 많이 달라졌다. 그러던 중 우연히 뉴질랜드 풍경을 보게 되었다. 실시간 동영상인데, 아무도 마스크를 끼지 않은 채 야외에 모여 고기도 굽고, 와인도 한 잔 하면서 풀밭에 누워서 쉬는 이도 있고, 개와 아이들과 뛰어 다니면서 쉼을 만끽하는 사람들도 있다. 기독교 교리에 의해 이미지로 만들어진 '푸른 초장'에 쉴 만한 곳 같은 느낌이 드는 순간, 저런 나라에서 살고 싶다는 생각을 해봤지만, 단 몇 분도 지나지 않아, 저런 심심한 천국에서는 살기 싫다는 생각이 들었다. 삶의 재미라는 측면에서 보면, 그곳은 활기가 없다. 활기는 이 나라가 최고다. 그곳은 심심해서 죽을 천국, 이곳은 재미있어서 죽을 지옥, 이런 생각은 어디에서 나오는 것일까? 나는, 그것을 니체가 말하는 아곤(agon) 즉 경쟁에서 찾는다.

———

니체는 모든 재능이란 싸우면서 활짝 피어나야 한다고 했다. 그것이야말로 자연의 뜻에 따르는 지혜이기 때문이다. 니체에 의하면 자연은 모든 생명체들을 힘을 기준으로 수직적으로 줄 세운다. 즉 강한 자가 지배하고 약한 자는 지배를 당하는 것이 자연의 이치인데, 인간은 사회에서 인위적인 힘을 가해 모든 것을 평등하게 만들어버려 근본적인 힘을 다 없애버렸다는 것이다. 그러니 결국 모두 다 같아지려는 욕망을 앞세우게 되고 그 같아짐에서 허무함이 싹트는 것이다. 제도적으로 모두 다 똑같아지는데 굳이 누가 더 강해지려고 하겠느냐는 주장이다. 그러니 자기를 좀 더 강하게 만들어내는 극복과 고양의 노력을 앗아가는 사회가 되는데, 이를 극복하기 위해서는 아곤 즉 경쟁이 필요하다는 것이다. 니체는 애초에 이 아곤의 개념을 그리스 세계에서 찾았다. 그는 그리스인들이 자연의 뜻을 따르면서도 야만으로 빠지지 않았다고 보는데, 그 기초는 바로 아곤에 의한 강자와 약자의 구별 때문에 있다고 봤다. 그것이 인간 정신을 최고로 고양시킨 바탕이 되었다는 것이다.

—

　그래서 니체는 세계를 어떤 단일하고 불변하며 참된 본질이 있다고 보는 플라톤의 이분법적 초월 세계를 철저히 부정한다. 그가 보기에 세계는 한도 끝도 없이 변한다. 영원히 참된 것도 없고, 영원히 참된 것에 의한 어떤 전제도 있을 수 없다. 이는 세계가 '아곤' 위에서 성립됨을 전제 조건으로 되어 있기 때문이라고 본다. 그래서 니체는 부당하고 거짓인 것에 의해 지배당하는 것도 반대했지만, 그렇다고 해서 참된 것에 의한 지배에 대해서도 결코 동의하지 않았다. 기독교 같은 절대주의 종교는 두말할 필요도 없고, 힌두교와 같은 상대주의 종교에서도——신화에 재현

◎ 부산 센텀시티, 2018

보이지 않는 곳.
싸움이 벌어진다.
그 외는 모두 죽은 것들이다.

된 '진리의 화신에 의한 영원한 통치'——에 대해서도 분명히 반대한다. 그것은 제 아무리 훌륭한 가치일지라도 시간이 가면 결국 부패하거나 전혀 다른 것으로 변하게 되어 있다는 역사의식의 발로다. 그러니 변하는 것에 대한 끝없는 싸움을 하지 않으면 처음 세웠던 참 진리는 다시 악의 세계로 갈 수밖에 없다고 생각하는 것이다. 그래서 그 진리라는 단독자가 지배하는 전제적 통치 체계는 받아들일 수 없는 것이다.

—

니체가 말하는 진리란 고정불변한 것이 아니기 때문에 당연히 하나의 성격으로 규정될 수 없다. 상황에 따라 달라지는 것이어야 하고 보는 사람에 따라 달라져야 한다. 그러니 어떤 것이 진리가 되기 위해서는 끝없는 경쟁을 해야 하고, 그것과 적대적인 관계에 서는 반(反)진리가 있어야 한다. 반진리에 의한 계속 되는 도전, 유혹, 질투, 난관, 고통 등이 있어야 하고 그와 싸워서 이겨 내야 진리로 우뚝 설 수 있는 것이다. 바이러스가 창궐하게 됨을 인류가 더욱 건강한 존재로 성장할 수 있도록 만드는 의미로 인식하고, 그렇게 된 운명을 긍정적으로 받아들여야 한다는 논리로 이어지는 것이다. 그래서 진리는 반진리의 동음이의어가 되어야 하는 것이다. 불교를 통해서 익히 알게 되었지만, 사실은 그보다 더 폭넓고 깊은 힌두교의 세계관인 윤회를 기반으로 하는 불이일원론(不二一元論, advaita: 아드와이따) 세계관과 매우 비슷하다. 그 세계에서는 창조는 곧 파괴이고, 파괴란 다름 아닌 유지이며 유지란 다름 아닌 창조이다. 삶의 이면은 죽음이고 죽음은 곧 삶의 다른 재현인 것이다. 모두 윤회라고 하는 영원의 시간 차원에서 성립된 개념이다. 니체의 영원회귀라는 시간관은 이것과 동일한 의미를 갖는다. 결국, 어떠한 것이 진리가 되기 위해서는 속성에 맞지 않는 여러 적대적인 다양한 '진리들'이 필요한 것이니, 결국 세상에 진리 아닌 것이 없고 진리인 것이 없게 된다.

———

이를 우리 사는 세상으로 돌려 생각해 보자. 어제의 동지가 오늘은 적이 되고, 오늘의 적이 내일은 다시 동지가 될 수 있는 것이 우리가 사는 현실의 이치다. 그러니 배신이라는 것에 대해서도 너무 애달파 할 필요도 없다. 회자정리(會者定離)라고도 하지만, 그와 반대로 거자필반(去者必返)이라고도 하지 않은가. 우리가 매일 살아가는 삶은 이 이치에서 돌아간다. 그렇다면, 좋은 정치란 강력한 힘을 가진 단독자 1인 혹은 단일 세력이 '올바름'을 무기로 사회를 안정하게 유지하는 체계보다는 적대적 관계에 있는 여러 세력들로부터 끊임없이 도전을 받고 시달림을 받으면서 스스로 힘을 길러내고 그 힘들이 충돌하면서 경쟁하는 장 즉 아곤을 유지하는 상태라고 본다.

———

절대 권력은 절대 부패한다는 말이 있다. 그것은 그 안에 경쟁이 펼쳐지지 않기 때문에 그렇다. 모든 일상에서 치고 박고, 사랑하고 미워하고, 만나고 헤어지고 하는 등의 자연의 질서가 운항되어야 건강한 곳이 된다. 모든 권력을 다 쥐고 있는 목사, 가부장, 회사 대표, 대학 이사장, 신문사 사주, 검찰총장 등은 반드시 썩는다. 썩지 않으려면 그 절대 권력에 도전하는 경쟁이 커야 한다. 그 치열한 경쟁의 세계에서 힘이 나와야 한다. 그러한 자연의 질서는 약육강식의 야만적 상태를 의미하는 것은 아니다. 쉬지 않는 경쟁이 있고 그 속에서 휴머니즘이 고양되는 세계, 그곳이 니체가 생각하는 인간 존엄이 충만한 세계다.

27. 몸

"몸을 경멸하는 자들에게 말하고자 한다. 나는 그들이 새로 배우고 새로 가르치라고 말하지 않는다. 그 대신 자신의 몸에 작별을 고하고 침묵하라고 말할 뿐이다. …… 그대의 사상과 감정의 배후에는, 형제여, 강력한 명령자, 알려지지 않은 현자가 있으니, 그 이름이 자기다. 그것은 그대의 몸속에 살고 있고, 그것은 바로 그대의 몸이다."

——『차라투스트라는 이렇게 말했다』,
몸을 경멸하는 자들에 대하여

대학 다닐 때 불문학을 강의하는 교수로부터 들었던 말 하나가 이상하게 오랫동안 뇌에 박혀 있다. 40년이 넘은 지금까지도 생생하다. 여러분은 만약 육체적 고통과 정신적 고통 둘 중 하나를 택한다면 어떻게 하시겠습니까? 대부분의 학생들은 육체적 고통을 택했지만 난 정신적 고통을 택했다. 나는, 육체적 고통은 비슷하게 경험해 본 적이 있었고 정신적 고통이라는 건 상상할 수 없어서 그렇게 대답을 했다. 교수는 플라톤의 이분법과 유럽인들의 정신 우위의 세계관에 대해 설명했다. 이 서양의 몸과 마음에 관한 이분법은 플라톤에서부터 시작하여 기독교를 거쳐 데카르트에 이르기까지 실로 오랫동안 그들의 세계관에 큰 영향을 끼쳤다. 그들은 일부 유물론자들이 주장하는 인간 정신 활동이란 결국 뇌의 물질적 과정으로 이루어지는 것이라는 것을 제외하고는 대부분이 정신 혹은 마음은 자체로 고유한 것이고, 자유의지를 가지고 모든 행위를 결정하는 주체라고 주장한다.

———

그 주류적 세계관에 대해 니체는 예의 신랄한 비판을 가한다. 몸이 유기적 생명체라는 점에서 그의 논의가 시작된다. 몸의 유기성은 끊임없이 반응하고 싸우며 변형되는데, 단순히 자기 스스로를 보존하기 위한 충동에 의해서가 아니라 적극적으로 뭔가를 생성하기 위해서라고 보는 것이다. 몸을 정신 이상으로, 주체적으로 보는 것이다. 몸은 능동적으로 욕망의 생성과 발현의 주체가 되고, 실천적 행위를 이끌어내니 그를 통해 새로운 인간형이 탄생할 수 있다고 했다. 따라서 니체에게 몸이란 살아 있음의 존재론적 기반이 되고, 그 위에서 느끼고, 의욕하고, 발현하고, 행위 하는 것들이 이루어지는 것이다. 이렇듯 몸은 살아 있는 유기

체이기 때문에 마음에 종속되는 존재가 아니다. 양자는 치열하게 관계를 맺는 서로 독립된 존재들이 된다. 그래서 인간은 몸을 가지고 사는 것이 아니라 몸으로 존재하며 사는 것이다. 즉 누군가가 스스로 살아 있음을 파악하려면 정신으로부터가 아니고 몸으로부터 출발해야 한다.

———

스스로 물어보자. 당신은 살아 있음을 느끼거나 인식할 때 몸을 통해 하는지 아니면 마음이나 머리를 통해서 하는지? 나는 몸으로 한다. 태어남도 그렇고 아픔도 그렇고 슬픔도 그렇고, 죽음도 몸을 통해서 인식한다. 나는 서양의 주류 세계관이 하는 것처럼 몸이 마음이나 정신에 비해 저열하고 저급한 것으로 생각하지 않는다. 그런데 많은 사람들은 대부분 나와 달리 생각한다. 기독교뿐만 아니라 힌두교나 불교 그리고 유교의 대부분이 그러한 세계관을 가지고 있고, 그들은 그러한 종교를 따른다. 그것은 역사적으로 볼 때 도덕이나 관념 혹은 이데올로기를 형성하는 권리를 가진 사제들의 권력 만들기 차원에서 이루어진 세계관으로 이 사회의 주류의 위치에 올라서 그렇다. 그들은 정신이나 영혼을 지닌 자들이 모든 권력을 쥐고, 몸으로 노동하는 자들은 그들에게 물질을 바치고 영혼의 구원을 받음으로써 은혜와 자비를 받는 것

◎ 부산 센텀시티, 2018

손에 잡히는 것이 세계다.
손에 잡히지 않는 건
고(苦)로 가는 욕(慾)이다.

© 부산 광안리, 2018

이라는 지배 이데올로기를 만들고, 대부분의 사람들은 그 안에서 사육되었다.

———

이러한 역사적 과정을 거치면서 오랫동안 동서양 모두, 약간의 차이는 있지만, 대체적으로 '나' 안에 영혼이나 자아와 같은 불변적 실체가 있다고 여기는 사고가 주류를 차지했다. 가령 데카르트의 '나는 생각한다'라는 명제는 자아와 같은 '생각하는 나'가 어떤 실체로 존재한다는 가설을 포함한다. 힌두교 우빠니샤드(Upanishad)에서 말하는 범아일여(梵我一如) 또한 불멸의 궁극이 있고, 그것은 몸이 아니고 영혼임을 설파한다. 이에 대해 니체는 그런 불변의 주체는 없음을 말한다. 그는 모든 것이 끝없는 변화의 대상일 뿐이라고 본다. 그의 중심 개념인 힘에의 의지를 주관하는 주체로서의 '나'는 불변 불멸의 존재가 아니다. 하나의 실체로 고정되지 않고 계속해서 더욱더 강해지기 위해 그 자신을 넘어서고자 하는 자기 극복의 주체이다. 여기에서 몸은 정신과 분리될 수 없고 그 안에서 여러 힘들이 모여 서로 즐기면서 관계를 맺어 힘의 의지를 발산시킨다. 그 힘들이 놀이를 한 결과가 마음을 지배한다. 그러니 몸을 경멸하는 자들은 자신을 넘어서 뭔가를 창조할 수 없는 것이다. 다시 말하면, 정신의 배후에 몸이 있다는 것이다. 플라톤, 기독교, 데카르트에 대한 강한 부인이다. 정신이 몸에 의해 조정되고 그 안에 거주한다는 생각은 인도의 요가와 같은 맥락이다. 니체가 춤의 가치를 인정하는 것은 바로 이러한 몸에 대한 중시 사상에서 나온 것인데, 그는 유연한 몸에서 더 지성적이고 예술적인 것이 나오는 것으로 봤다.

—

벌써 20년 정도가 흘렀으니 2002년 월드컵 때의 일이다. 한국 국가대표 감독으로 온 히딩크 감독은 기술 훈련은 별로 하지 않고 오로지 체력 훈련만 시키는 모습이 언론에 많이 보도되었다. 많은 축구 애호가뿐만 아니라, 전문가들도 반발했지만, 결과적으로 히딩크 감독이 옳았다. 나는 공부를 하라고 학생들을 독려하는 게 주요 일인 대학교 선생이다. 공부에 대해 학생들에게 많은 이야기를 하는데, 그 가운데 하나가, '공부란 의지로 하는 것이 아니다. 공부는 몸으로 한다는 말이다.' 몇 시간이고 책상에 붙어 있는 습관을 들여야 하고, 핸드폰을 열지 않아야 하며, 눈을 떼지 말고 손으로 쓰고 입으로 외워야 좋은 결과가 나온다고 강권한다. 그렇게 하지 못한 학생들의 대부분은 그동안 몸의 습관을 만들지 못해서 그렇다. 아주 어렸을 때 엄마가 귀찮아서 자꾸 보채는 아이에게 텔레비전을 틀어주거나 핸드폰을 쥐어 준 경우도 있었을 것이고, 공부에 집중하지 못하게 하는 여러 이유가 많았을 것이다. 그것은 의지박약이긴 하지만 '정신일도하사불성' 한다고 해서 풀릴 문제는 아니다.

—

몸과 관련한 또 하나의 문제가 있다. 몸에서 발생하는 여러 가지 인간 본능에 관한 것을 경멸하는 현상이다. 특히 기독교를 믿는 사람들 가운데서 많이 발견되는 이 현상은 자칫 잘못하면 한 개인을 파멸시키기까지 한다. 최근 어떤 기독교인이 몽정을 하는 어린 아들이 정신이 썩어 악귀에 홀렸다고 성기를 묶고 몽둥이로 팼다고 하는 기사를 봤다. 왜 금욕이라는 것을 해야 하고, 그 금욕은 왜 몸에 일어나는 본능을 억제하는 것으로 연결되는지를 생각하지 않는다. 힌두교에서 세상을 버리고 떠난 기세자(棄世者)들은 몇 년간 눕지 않고 수도를 하거나, 성기를 괴롭혀 불구로 만들거나, 앉기를 거부하는 경우 등의 수행을 한다. 불교에서도 불와정진(不臥精進)이나 묵언정진(默言精進)을 최고의 수행으로 간주하지 않는가? 모두 마음 혹은 영혼을 가치 있는 것으로 보고 몸을 극복해야 할 대상으로 보는 이치에서 나온 문화다. 철저하게 몸을 저급한 것으로 보면서 학대함으로써 인간 존엄성을 파괴하는 사고다.

28. 노동

노예들이 모든 면에 있어서 현대의 노동자보다 더 안정
되고 행복하게 살고 있다는 사실, 노예 노동은 '노동자'
의 노동에 비할 때 얼마 안 되는 노동이라는 사실은 누구
라도 인정해야만 할 일이다. '인간 존엄'의 가치 아래에
서 사람들은 항의한다. 하지만 좀 더 솔직하게 표현하자
면 그것은 동등하게 되지 못함, 공개적으로 저급하게 평
가됨을 가장 지독한 숙명으로 느끼는 그 경애하는 허영
심인 것이다.

───『인간적인 너무나 인간적인』, 457

　　몇 년 전, 노동절 집회에 나가서 이해가 될 듯 말 듯한 두 장의
플래카드와 깃발이 함께 나부끼는 걸 봤다. 하나는 '노동이 아름
다운 사회'였고, 다른 하나는 '노동해방'이었다. 느낌상으로는 무
슨 말인 줄 알겠는데 어딘지 모르게 어색하고 모순적인 듯하다고
느꼈다. 노동이 존중받는 사회를 만들자는 의미이다. 그렇다면 그

사회에서 노동이 왜 해방되어야 하는가? 노동이 해방된다면, 그건 노동이 아름답지 못한 것 아닌가, 이런 생각을 했다. 우리 사회에서 노동이 천대받는 건 누구나 다 아는 일이다. 금욕을 지고지선으로 여기는 기독교에서는 그 욕망을 억제하는 차원에서 노동을 장려했고, 서구 사회가 노동을 찬양하는 건 이것과 동일한 맥락에서 나온 것이다. 니체는 노동이란 인간의 고양을 저지하고 억제하는 것이라고 봤다. 노동은 자신의 가치를 창조하는 힘을 포기하게 하고 고작 하는 것이 타자의 가치를 창출하는 데 기여한다는 것이다. 특히 국가에 대해 그렇다. 그래서 국가는 노동은 존엄한 것이라는 생각을 널리 퍼트린다. 열심히 노동해서 인간 본능을 억제시키고, 공동체의 부를 창출하라는 것이 숨은 맥락이다. 결국 거기에서 자본주의가 싹텄다. 그래서 니체는 자본에 눈이 먼 자를 원숭이라고 비하했다. 그러니 노동을 하지 말고, 전쟁 즉 싸우라고 했다. 노동을 강제하는 국가라는 우상에 대해 전쟁하라는 것이다. 물론 총 들고 국가와의 전쟁을 하라는 것이 아니고, 국가라는 체제를 허물어뜨려 노동 대신 자신의 가치 창출을 위해 놀이하는 인간이 되도록 매진하라는 의미다. 이를 두고 니체를 노동 반대론자라고 하는 것은 맞지만, 전쟁 옹호론자라고 하는 것은 참으로 우스운 비판이다.

—

다른 말로 하면 인간 본능을 긍정적으로 받아들이는 차원이
아니기 때문에 노동을 장려할 필요가 없다는 말이다. 니체 말대
로 놀이를 하는 인간이어야지 어떻게 노동하는 인간이 된단 말인
가? 결국, 우리가 궁극으로 가져야 하는 것은 노동을 하되, 노동
에 예속되지 않고 그로부터 해방되어 인간다운 삶을 살아야 하는
사회다. 먹고 사는 기본적인 문제가 해결된다면, 굳이 지금같이
미래를 위해, 더 잘살기 위해 이렇게까지 노동할 필요는 없을 것
이다. 더 잘살기 위해 더 많은 노동을 하면서 노동자들이 자본주
의의 극복을 외치는 것은 모순이다. 우리가 가는 길은 더 가난한
사회, 그래서 노동에 얽매이지 않는 사회, 그래서 생산량이 줄고,
그 시간에 놀고 즐기고 같이 어우러질 수 있는 사회다. 우리가 어
렸을 적에는 그랬다. 먹고 사는 것이 지금하고 비교해 보면 턱도
없이 부족하고, 가난했지만, 이렇게 많이 일하면서 살지는 않았
다. 지금은, 물론 사회적 지위가 높고 충분히 먹고 살만한 사람은
그렇지 않겠지만, 대부분의 노동자들은 노동 과잉의 세계에서 허
덕인다. 택배 노동자와 같은 일용직 노동자는 일을 너무 많이 해
서 목숨을 잃는 경우까지 있다. 그렇게 노동하지 않으면 현실적
으로 먹고 살 수가 없다, 그들이 노동해서 만들어 낸 산물로 사회
는 부가 넘쳐흐르지만, 적어도 일용직 노동자는 과거 고대 시대

의 노예보다 더 혹독하게 노동에 시달린다고 하는 게 전혀 틀린 말은 아닐 것이다.

———

니체는 가난한 이들에게 어느 길을 갈 것이냐고 묻는다. 가난하면서도 즐겁고 독립적이라는 것은 가능하다고 하면서 말하는 것이다. 일체유심조(一切唯心造)다. 자기 스스로 마음먹기에 달린 문제라는 것을 인정한다면, 돈을 많이 벌어 물질적으로 풍요롭게 살면서, 노동의 굴레에서 벗어날 수 없음을 비참하게 여기는 것은 모순이다. 돈 많은 노예 상태를 치욕으로 경험하느냐 상대적으로 돈이 없어 빈곤하게 살지만 더 인간답게 사는 삶을 경험하느냐는 전적으로 자신의 삶에 대한 철학의 문제다. 외부의 문제가 아니다. 이와 관련하여 니체는 사회주의자들이 부르짖는 '노동해방'을 선동이라 보았다. 다수가 혁명으로 만든 시스템으로 이루어지는 사회에서는 결코 노동 해방이 이루어지지 않을 것이라고 본 것이다. 니체는 그것은 종교적 차원에서의 '구원'에 필적하는 사회주의 버전의 '구원'이라고 보았다. 인간 개인이 주체적으로 결정하는 것이 아니고 규율과 강제를 통해 이루어내려는 것이기 때문이다.

꿈꾸는 것은 꿈에 지나지 않는다.
아름답지만, 흔들리는 건
그것이 꿈이자 욕망이기 때문이다.

좋은 정치란 어떤 이념, 규율, 조직 등이 강해서 그것에 일사불란하게 움직이면서 인민을 추동해 나가는 것이 아니다. 개체가 주체적으로 참여하지 않기 때문이다. 박정희가 제 아무리 좋은 결과를 가져오고 마오쩌둥이나 스탈린이 제 아무리 그 나라에 기여를 많이 했다 해도 결국에는 그들이 권력에서 물러난 후 그들이 만들어 놓은 체계는 다 뜯어 고쳐야 했다. 니체가 도처에서 이웃 사랑에 앞서 자신에 대한 사랑을 강조한 것은 개체를 강제하는 체제 아닌 개체 그 자신이 바로 역사를 추동하는 유일한 운동의 원천이기 때문이다. 니체에 따르면 인간의 마음속에는 기존의 가치와 명령에 복종해 편안한 삶을 구하려는 노예의 의지와 스스로 명령에 따라 고통과 시련을 극복하고자 하는 주인의 의지가 공존하고 있다. 여기에서 실존 인간으로 사는 주체는 당연히 후자에 의한 것이다. 니체가 차라투스트라로 의인화한 예언자는 신에 대한 믿음도, 찬란한 과학기술 문명도, 불안·공포·절망 속에 살아가는 현대인들의 구세주가 될 수 없다고 예언한다. 오로지 힘이 있는 개인뿐이다.

니체의 철학을 토대로 우리가 사는 지금의 노동에 대해 생각해 보자. 국민소득 3만 달러에 달하는 시대다. 노동자 사이에 부유한 노동자와 가난한 노동자가 나뉘어 있다. 연봉 5천만 원에서 1억 원 사이의 노동자들과 연봉 2천만 원에서 4천만 원 사이인 노동자들을 하나의 카테고리로 '노동자'라 부른다는 것은 어불성설이다. 그러니 '노동'이라는 행위가 존중을 받아야 한다느니, 해방이 되어야 한다는 것은 이미 모순이 되어 버렸다. 결국 노동이 존중받는 세상보다 더욱 중요한 가치는 가난한 자들이 존중받는 세상이 되어야 한다. 노동자들은 존엄의 대상으로서의 노동이 아니고 더 좋고 안정된 직장을 유지하고 안락한 삶을 미래에 누리고자 수단으로서 노동을 대하는 것이 분명한 현실이다. 자본가들과 궁극적으로 동일한 차원으로 둘 다 자본주의 맘몬 숭배의 노예일 뿐이다. 이러한 행위는 니체의 철학을 기준으로 보더라도 노동이 아름다운, 노동 해방의 사회를 가져오는 태도가 되지 못한다. 노동자들의 힘을 제어하기 위해 온갖 수단과 방법을 가리지 않는 자본가들이나 고용주를 압박해 한 푼이라도 더 이익을 얻어 보고자, 야근에 특근을 마다하지 않는 노조 간부가 이끄는 노동자나 모두 노동의 노예임은 동일하기 때문이다. 니체는 노예들이 자기들끼리 힘을 합쳐 자신들의 힘을 키워 승리하려 하지 않고 강한 자들의 힘을 빼앗아 승리하려 한다고, 마찬가지로 지배자들도 자신이 지배하는 노예의 힘을 빼 순종적인 인간으로 길들이려 한다고, 즉 둘 다 노동의 노예적 인간이라고 쓴 소리를 했다. 150년 이전에 했던 말이 오늘날 이렇게 유효한지, 전율이 인다.

29. 고통

사실 고통에 대해 사람을 분격하게 하는 것은 고통 자체
가 아니라, 고통의 무의미함이다: 그러나 고통 속으로 비
밀스러운 구원 장치 전체를 집어넣어 해석한 그리스도교
에게도, 모든 고통을 방관자의 입장이나 고통스럽게 만드
는 자의 입장에서 해석할 줄 알았던 고대의 소박한 인간에
게도 그러한 무의미한 고통이란 전혀 존재하지 않았다.

—『도덕의 계보』, 제2논문, 7

니체에 관한 공부를 하면서 누군가의 책을 통해 이런 글을 읽
었다. 니체가 말년에 친구인 오버베크에게 이렇게 편지를 썼다
고 한다. "절망적이네. 고통이 내 삶과 의지를 집어삼키고 있어.
(⋯⋯) 다섯 번이나 죽음의 의사를 불렀다네. (⋯⋯) 하지만 고통의
깊이가 깊을수록 생각도 깊어져, 그전까지 한번도 경험해 보지
못한 생각들이 떠오른다네."라고. 니체가 소위 토리노의 말 사건
을 겪고 난 뒤 우울증이 심해질 때의 일이다. 고통을 일부러 맞이

하면서까지 삶의 진면모를 잡기 위해 싸운 니체는 자신이 감당할 수 없는 그 순간에도 자신의 철학을 실천할 수 있는 의지를 만들어가려 한 것이다. 그 안에 우리 같은 범인처럼 고통을 두려워하고 피하고 싶은, 그러나 그럴 수 없을 때는 결국 극복하고 승화해 내려는 자연스러우면서 아주 강한 인간의 모습을 보여준다.

—

우리는 고통에 대해서 더 진지하게 알아야 할 필요가 있다. 누구든 고통이라는 것을 죽기 전까지 완벽하게 피하고 살 수 없기 때문이다. 삶에서 닥치는 고통의 필연성에서 우리는 고통의 본질을 파악할 수 있다. 고통은 행복이나 즐거움과 마찬가지로 상대적이고 개인적인 것이다. 일반적인 것으로 규정 지을 수 없다. 주체가 어떻게 받아들이느냐에 따라 달라지는 상대적인 것이고, 해석에 달려 있는 것이다. 니체에게서 고통은 삶과 밀착되어 있다. 고통은 홀로 다루어질 수 있는 것이 아니고 삶 속에서 함께 다루어지는 것이다. 삶 속에서 고통은 불가피한데, 삶은 더 나아져야 하고, 그러려면 결국 고통을 어떻게 극복해 나가느냐에 달려 있다. 그러다 보니 고통과 삶은 비례 관계에 놓인다. 고통이 클수록 그것을 극복하여 성취한 삶도 위대해지는 것이다. 결국 니체는 고통이 정신을 고양시키기 때문에 정신의 성숙을 돕는 하나의 방법이 된다고까지 했다. 따라서 더 높은 곳으로 나아가기 위해 고통은 장려되기까지 하고, '힘에의 의지'가 받쳐주는 사람은 바로 그 고통으로 인해 더 높은 정신으로 나아갈 수 있다고까지 했다. 니체는 고통 속에서 좌절하지 않고, 자신을 얼마든지 긍정하여 정신을 고양시키는 강한 인간이야말로 상대에게 관용을 베풀 수 있는 사람이고, 그러한 관용이 상대의 죄를 용서하는 원천이 되는 것이 바람직하다고 보는 것이다. 그러한 고통의 긍정성도 확보하지 못한 사람이 종교라는 틀에서 만들어 전달해 준 긍휼이나 자비로 상대를 용서한다는 것은 주체적이지 못하고 결국 위선일 수밖에 없다는 생각이다.

—

　니체는 고통을 죄로 간주하는 기독교에 대해 특히 비판의 날을 세웠다. 그는 기독교에서 신이 우리에게 고통을 주는 이유가 우리에게 죄가 있기 때문이라는 신의 섭리론을 거부했다. 기독교가 말하는 죄 때문에 인간이 고통을 받는다는 개념은 인간을 교회 안에서 순한 양으로 붙들어 매기 위해 고안한 것일 뿐이라고 하였다. 니체는 고통은 원죄로 인한 것이 아니고 개인 스스로의 잘못 때문이라고 했다. 그러니 자신의 삶이 정 고통스러우면 신에게 기도해 봤자 필요 없고, 그것은 단지 아편을 맞고 환각 상태로 치유된 것처럼 속은 것일 뿐이니, 자기 자신을 스스로 자책하고 책임을 지워야 한다고 했다. 그러면서 자기의 어리석은 삶을 자기 양심으로 고문하고 자책하는 인간을 어리석다고 비난을 한다. 그렇지만, 그것이 비록 어리석은 바보일지언정 죄인은 아니라고 말함으로써 기독교에 빠져 사는 사람보다는 더 나은 것으로 평가했다. 니체에게 고통이란 더 건강한 삶을 살게 만드는 계기일 뿐이었다. 그래서 고통은 있는 그대로 긍정하면서 받아들여야 하는 것이었다. 고통이 좋아서 받아들이라는 것이 아니고, 고통을 이겨내야 다음의 삶이 있고, 그 삶을 사랑해야 인간으로서 제대로 설 수 있기 때문이다. 이것이 니체가 가장 중요한 삶의 정신이라고 여기는 '운명을 사랑하라(Amor Fati, 아모르 파티)'이다.

———

이 책을 쓰는 도중 어느 날, 동지 한 사람이 충격적인 사고로 한쪽 눈을 실명했다. 20년 넘게 민주노총 부산지역본부에서 산재 예방 교육을 하고 다닌 전문가가 정년 1년을 남기고 자신이 산재를 당한 것이다. 아무 말도 전할 수 없는 참담한 상황에, 나는 동지에게 이렇게 썼다. "사고 소식을 듣고 한동안 망연자실하고, 정신이 어릿어릿해지는 순간, 니체를 읽었습니다. 니체가 고통은 정신을 고양시키기 때문에 정신의 성숙을 돕는 하나의 방법이 되는 것이라 했거든요. 더 높은 곳으로 나아가려는 '힘에의 의지'에 의해 고통은 장려되기까지 한다는, 그 경지까지는 이해되지는 않지만, 이 말을 정 국장에게 들려주고 싶었습니다. 노동인이자 예술인인 당신이 고통으로 인해 니체가 말하는 더 높은 정신으로 나아갈 수 있게 되기를 소망합니다. 이 고통을 이겨내서 삶과 예술을 승화하기를 확신합니다." 이 얄팍한 위로의 말에 동지가 전화를 해서 이렇게 말했다. "이겨낼 겁니다. 제가 그동안 좌절하지 말라고, 단지 불편할 뿐이라고 했던, 그 숱한 말들에 힘을 실을 수 있는 기회로 받아들이겠습니다. 제가 이런 일을 겪고 나서 당당하게 극복하고 고통의 삶을 이겨내는 것이 노동 운동가 아니겠습니까?"

———

고통이 불행으로 이어지는 것은 아니다. 그 불행이 죄의 결과일 수는 더더욱 없고. 고통과 불행과 죄의 사이에서 어떠한 상응 관계가 있는지는 사람의 관점마다 해석마다 달라지니, 뭐라고 딱히 규정할 수는 없을 것이다. 종교에서는 있다고 하는 것이고, 종교 바깥에서는 그렇지 않다고 할 뿐이다. 수십 년을 해오는 일에 그날따라 이상한 일이 발생한 것은 귀신에 씐 것일 수도 있고, 단지 내 실수일 수도 있다. 공통적인 것은, 우리는 그 원인에 대해

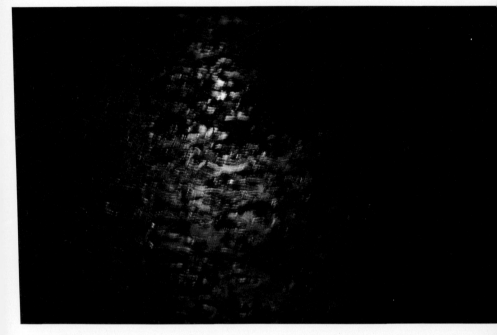

© 부산 연산동, 2020

어찌할 수 없는 것이라면
파악하고, 이해하고, 예측할 수 없는 것이라면
즐기고 받아들이라.

© 부산 영락공원, 2018

제대로 알 수 없다는 것이다. 문제는, 그 일은 벌어졌고, 이제부터 어떻게 사는 것이 더 인간다운 삶을 사는가이다. "조금 더 신중했어야 하고, 조금 덜 건방지게 했어야 했다."의 방식이 "이 일의 배후에는 우리가 알 수는 없지만 어떤 죄가 원인으로 숨겨져 있다. 그것을 인정하지 않는다면, 당신은 더 큰 불행을 겪을 것이다."보다 더 인간적이고, 더 건설적이다. 니체는 이러한 기독교적 이치 즉, 삶에 죽음의 이미지를 도입하는 것은 생리적으로 삶과는 맞지 않다고 했다. 삶이란 본질적으로 자기 극복의 법칙을 가지고 있기 때문이라고 했다. 종교와는 다르지만, 크게 볼 때는 결국 같은 선상에 있는 것이 고통과 불행에 대한 도덕의 해석이다. 니체는 도덕은 현실에 개입하면서 현실을 경멸하게 하는 해석이기 때문에 나쁜 해석이라 했다. 그것은 선과 악, 원한과 복수, 죄와 벌 등으로 이루어진 병적 세계관이다.

"그대들은 자신의 적을 찾아내어 자신의 전쟁을 수행해야 한다. 그대들의 사상을 위해! 그리고 그대들의 사상이 패배할지라도 그대들의 정직함만은 패배를 넘어 승리를 외쳐야 한다!

그대들은 평화를 사랑하되, 새로운 전쟁을 위한 수단으로서만 사랑해야 한다. 그리고 오랜 평화보다는 잠시 동안의 평화를 택해야 한다.

그대들에게 나는 노동이 아닌 투쟁을, 평화가 아닌 승리를 권한다. 그대들의 노동이 투쟁이고 그대들의 평화가 승리이기를!"

──『차라투스트라는 이렇게 말했다』, 전쟁과 전사들에 대하여

몇 년 전, '미투'로 인해 강단이 무서워지기 전까지는, 해마다 신입생들에게, "엄마와 불화하라"고 가르치고는 했다. 물론, 물리적인 불화나 불효가 아니고, 정신적으로 독립하라는 말뜻임을 충

분히 설명을 한다. 엄마는 엄마 세대의 사고방식으로 살아온 전통의 산물인데, 너희들은 그 시대와 다른 새로운 판을 세워야 하기 때문이라고 말이다. 공부도 중요하고, 4년제 대학 졸업장도 중요하지만, 그것조차도 스스로 필요성을 인정할 때 전력을 다하는 것이지, 본인의 뜻이 다르면, 그것을 관철시켜야 한다고 말한다. 물론 그 책임은 너희들이 져야 하고, 그 결실도 너희들의 것이라고 한다. 그러려면 판에 박힌 삶보다 기존의 삶에 저항하고, 그 위에서 어려움을 극복하러 나아가는 데 두려워하지 말라는 말도 빼놓지 않는다. 모두 니체로부터 배운 것이다.

—

　니체는 생의 철학자이고, 그 삶을 위해 '긍정'을 제1의 태도로 삼는 철학자다. 주어진 운명을 받아들이고, 고통을 두려워하지 말라는 철학자다. 그렇게 사는 과정 중에 피할 수 없는 것이 전쟁이라 했다. 심지어는 노동보다 전쟁을 선호한다고 했다. 잘 먹고 잘 살기 위해 노동하지 말고, 노동을 삶의 놀이로 삼으라고 했다. 그러면서 신분, 종족, 직업, 교육 등에서 펼쳐지는 모든 종류의 불합리한 요소들과 전쟁을 감행하라 했다. 실로 고단한 일이지만, 지치지 않고 몰아붙인다. 그 전쟁을 통해 삶의 질이 올라가느냐, 떨어지느냐가 결정된다고 했다. 진정한 삶을 사는 데 방해되는 모든 장애물들을 처치하기 위해 처절한 복수를 하라고 했다. 그 수단으로 정직하거나, 바르거나, 타의 모범이 되는 삶의 태도를 버리라 했다. 양심의 가책 같은 것도 전혀 개의치 말라고 했다. 그것은 자기 자신의 소산이 아니고 위로부터 내려온 전통이 짠 무의미한 틀에 의한 것이고, 나와는 관련 없는 객체적인 것이니 부인하라고 했다. 니체는 존중되고, 섬기고, 숭배하는 모든 것들이 내리는 명령에 절대로 거역해야 한다고 했다. 그것을 두고 전쟁을 하라고 했다.

—

니체가 전쟁을 역설했지만, 그것은 보통 말하는 전쟁을 부추기는 것이 아니다. 대부분의 니체 전문가들이나 나는 그를 평화주의자로 본다. 그것은 그가 말하는 전쟁이란 우리가 흔히 이해하는 국가 혹은 그와 유사한 차원의 집단들끼리 하는 물리적인 충돌의 의미가 아니고 철학자나 사상가들이 자주 사용하는 내적 싸움의 비유로 이해하기 때문이다. 동일한 논리로 예수는 이렇게 말했다. "내가 세상에 화평을 주러 온 줄로 생각지 말라 화평이 아니요 칼을 주러 왔노라 내가 온 것은 사람이 그 아비와, 딸이 어미와, 며느리가 시어미와 불화하게 하려 함이니 (……) 내가 세상에 화평을 주려고 온 줄로 아느냐 내가 너희에게 이르노니

◎ 부산 영락공원, 2018

갇혀 있는가? 전쟁을 벌이라.
죽었는가? 전쟁을 벌이라.
전쟁하지 않고 어떻게 자유와 삶을 얻으려 하는가.

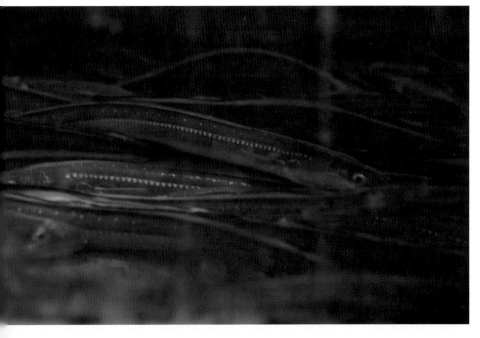

© 부산 망미동, 2020

아니라 도리어 분쟁케 하려 함이로라." 모든 말이든 글이든 생각이든 읽는 사람이 이해하는 방식의 해석이 있는 반면, 말하고자 하는 사람이 그 뜻대로 보여주는 해석도 있다. 니체나 예수가 말하는 '전쟁'은 후자의 방식으로 읽어야 함은 두말할 필요가 없다. 니체가 말하는 '전쟁'의 의미를 이렇듯 개인의 내적 문제로 국한하지 않고, 그 일차적 의미인 국가와 국가 간의 물리적 싸움의 차원으로 가져가도 그의 주장은 여전히 유효하다. 하지만 후자인 '화약 냄새 나는 전쟁'을 니체는 저급한 전쟁이라 했고, 여러 가치들이 치열하게 경쟁하면서 새로운 가치를 창출하는 '향기 나는 전쟁'이 고급스러운 전쟁이라고 했다. 그 어떤 형태의 전쟁이라도, 적극적으로 그것을 치러야 하는 이유는 낡은 삶을 버리고 새로운 삶을 찾아서 살아야 하기 때문이다. 니체는 힌두교에서 최고의 주(主) 쉬바가 파괴의 역할과 생산의 역할을 동시에 하는 신이라는 것, 즉 파괴가 생산이고, 생산이 곧 파괴라는 것을 자기 철학의 중심으로 삼았다.

—

　그러면 니체는 어떻게 전쟁을 치러야 승리한다고 하였는가? 우선 그는 명분을 앞세우지 말라고 한다. 정치하는 사람들이 흔히 말하는 명분이란 전쟁을 신성하게 만드는 것이 아니라, 잘 싸우는 전쟁이 모든 명분을 신성하게 만든다고 했다. 제대로 싸워서 이기는 전쟁이어야 한다는 것이다. 그런 전쟁은 어떤 전쟁인가? 자기 삶을 진정으로 사랑하는 것이라 했다. 삶을 사랑해야 자신을 둘러싼 모든 틀을 깨부술 수 있다는 것이다. 그러면 어떻게 싸우라 했는가? 죽여 없애야 하는 어떤 상대를 정하고, 지하로, 땅속으로 즉 근본까지 파고 들어가 뿌리채 흔들어야 한다고 했다. 그것이 니체가 말하는 내적 사유의 전쟁이니, 바로 거짓과 우상과의 전쟁이다. 그 점에서 사람들은 니체를 망치를 들고 우상을 깨는 다이너마이트 철학자임을 받아들이는 것이다.

　내적 사유의 전쟁을 니체가 제시하는 철학적 관점에서 해석해 보자. 그것은 우선 선(先)판단에 따르지 말라는 것이다. 그것으로부터 독립하는 개별적 판단을 수행하라는 것이다. 건축물로 치면 개별 건축물이 아니라 그 건축물이 세워진 공통의 지반에 대한 비판을 먼저 가하라는 것이다. 니체는 이런 전쟁을 가치의 가치를 묻는 것이라 했다. 그러니 니체가 하고자 한 것은 기독교 같은 종교를 단순히 데카르트 이후 근대성에서 크게 가치를 부여받은 이성이나 생각 혹은 의심이나 합리 등은 물론이고 체계나 구조 혹은 법 같은 것 등도 포함하는 대상으로 삼는 것이다. 그러

다 보니 토대의 토대, 그 토대의 토대를 흔들어야 하는데, 지평만 흔든 경우를 아주 못마땅해한 것이다.

—

　니체는 그 좋은 예를 루터의 종교개혁에서 찾았다. 니체가 보기에 루터는 교황과 그 하수들에 의해 왜곡된 기독교를 개혁해 순수성을 찾아 개인에게 귀속하고자 하였을 뿐, 종교의 근본을 뿌리째 흔들고자 하지는 않았다. 기독교의 진리 자체에 전쟁을 거는 것 대신 교회가 가진 권력에 대해 전쟁을 걸었던 것이다. 그래서 그는 지배 체제를 흔들기 위해 농민들을 동원하였고, 그것은 결국 개신교라는 새로운 종교 권력을 만들어냈다는 지적이다. 이를 니체식으로 말하자면 루터는 기독교라는 괴물을 보기 위해 심연을 들여다보다가 자기 스스로 괴물이 되어버린 것이다. 기독교의 지하의 지하를 깊게 살펴보지 못하고 어설픈 전쟁을 걸어 어설프게 이겼기 때문에 스스로 괴물이 되어버린 것이다.

31. 위선

필연적으로 내일과 모레의 인간이 될 수밖에 없는 철학자는 언제나 그 자신이 사는 오늘과 모순된 상태에 있어왔고 그렇게 있을 수밖에 없었던 것이라고 나는 더욱 생각하게 된다.

———『선악의 저편』, 212

예순이 넘은 내 세대의 입장에서는 불꽃같은 1970-1980년대가 가면서 역사의 한 단락이 마무리되었다. 그 시대가 가고 난 후 절대 진리라고 믿었던 것들에 균열이 왔고, 소위 니체가 말하는 원(圓) 같은 혹은 사발통문 같은 중심 세력이 따로 없는 포스트 시대가 왔다. 한때, '가자 북으로, 오라 남으로'와 '노동자가 주인이 되는 세상'이 시대정신이었다. 사람들은 그 가치를 실현시키기 위해 몸에 불을 붙였고, 감옥으로 걸어 들어갔고, 물고문에 죽기도 하고 몽둥이에 맞아 죽기도 했다. 광주에서는 그들이 낸 세금으로 키워진 군인이 그들이 낸 세금으로 산 총칼로 시민을 무려 500명 가까이 학살했다. 한 시대가 가고 새 시대가 오면서 당시 악의 편에 섰던 자들이 여전히 기득권을 누리며, 그 역사를 거스르며 새 시대를 연 사람들을 몰아세운다. 악마들은 지난 40년 동안 변함없이 그 자리를 지켜온 사람들을 위선자로 만들려 사력을 다하고 있다.

—

근본적으로 생각해 보자. '민주화'와 '광주'는 세속적으로 살고자 하는 욕망과 충돌하는가? 그들이 세속적으로 살면 위선인가? 그들은 어디까지 도덕적이고 어디까지 개혁적이며 어디까지 희생적이어야 하는가? 악마들이 자신들의 이익을 위해 여전히 전두환의 후예로서 룸살롱에 가는 건 당연히 있을 수 있는 일이고, 그들이 그렇게 하는 것은 위선인가? 악의 편에 선 사람들은 악을 행해도 괜찮고, 선의 편에 선 사람들은 악을 행하면 안 되는 논리가 뭔가? 그것이 그들이 규정한 질서를 따르는 결과인가?

—

니체에게서 위선의 문제는 기독교 비판으로부터 시작한다. 그는 기독교가 왜곡된 사제(司祭) 권력을 통해 실재하는 문제를 감추는 행위를 저질렀는데, 그것을 위선이라고 보았다. 강자를 약화시켜 평균적으로 만들고자 하는 것이 위선의 도덕이고 노예의 도덕이라는 것이다. 니체에게 진리는 초월적인 세계로부터 주어지는 것이 아니라, 자연의 이치에 따라 하나의 생명으로 주변 환경과 반응하며 생성되는 귀납적 존재다. 이런 차원에서 니체는 인간의 지성이나 어떤 표상에 주목한다. 짐승과 달리 인간은 힘이 약하기 때문에 집단적으로 생존하기 위해 어떤 약속을 만들어야 했는데 이를 감당하지 못하는 경우에 위장하는 다양한 회피 메커니즘이 생겨났다고 본다. 약한 인간은 살아야 하기 때문에 전쟁을 회피하는 평화조약을 필요로 했고, 그러면서 만인에 대한 만인의 투쟁이 자신의 세계에서 사라지게 했던 것이라고 설명한다. 여기에서 집단이 공동으로 생존하기 위해 비현실적인 것이 현실적으로 보이도록 하는 정치가 계발되고 다양한 거짓 즉 위선들이 고안되었다고 본다. 다시 말하면 비현실적인 것을 현실적인 것으로 보이기 위해 만들어진 것이 위선이라는 것이다. 철저히 실용적 차원이다.

___

 니체는 위선의 출발을 강자와 약자의 관계에서 찾는다. 강자가 약자를 약탈할 때 강자는 아무런 양심의 가책을 느끼지 않는 자연스러운 감정을 가지나 약자는 강자에게 당했다는 원한을 가

죽여야 하는 것은 죽여야
강한 것이 강하게 되고
그것이 자연의 이치고, 인간의 길이다.

© 부산 망미동, 2020

진다. 하지만 약자는 살아남기 위해 도덕적으로 무장해 자신이 선한 존재로 판단되도록 위장을 한다는 것이다. 이 가운데 니체는 도덕적으로 위선을 떠는 약자를 악(惡)으로 보았다. 그는 실제 존재하는 격차를 애써 감추려 한 그 위선을 인간이 강해질 수 없는 문제의 출발이라고 삼는 것이다. 위에서 말하는 '민주화'와 '광주'로 표상되는 혹은 '노동자'와 '통일'로 표상되는 진보 인사들의 처절한 희생을 니체는 위선으로 본 것이다. 바로 이 맥락에서 그 강함과 약함의 격차를 제도적으로 없애버리는 민주주의는 본질적으로 위선이기 때문에 문제가 있다고 본 것이다.

———

　니체의 논리에 따르면 '민주화'와 '광주'는 약한 존재다. 그것을 인위적으로 보완해 준 것이 일종의 신성성(神聖性)이다. 그 고도의 도덕적 가치를 니체는 위선으로 보았다. 그 '위선'의 힘을 부여받으면서 그들은 악에 대한 처벌과 보복의 힘을 잃었다. 바로 그 위선의 역사 때문에 민주주의라는 이름 안에서 악의 무리들이 준동하며 선의 존재를 능멸하고 그것도 부족해 역사를 다시 원상 회복시키려 하는 원인으로 작동한다. 김대중이 전두환을 사면하여 악의 씨를 키운 것이나 국민이 직접 선출한 대통령을 능멸한 윤석열 검찰총장을 절차와 법에 따라 제대로 응징하지 못한 것은 모두 허울 좋은 민주주의라는 도덕성 때문에 그렇다. 용서할 수 없는, 니체의 말대로 처절하게 보복하는 힘의 정치, 강자이자 선인 존재가 약자이자 악의 존재를 가차 없이 처단하는 힘의 역사가 이루어져야 하는데, 그렇지 못하니, 다시 악에게 당하고, 또다시 악에게 당하는 역사가 반복되는 것이다. 홉스가 말하는 자연 상태에서 만인의 만인에 대한 투쟁 개념과 일치한다. 그가 국가를 새로운 우상으로 상정하면서 절대로 섬겨서는 안 된다고 말한 것도 같은 이치다.

―

　니체는 보편적인 도덕을 거부했다. 그 안에서 그가 위선을 거부한 것이다. 그런데 지금 우리가 사는 사회는 보편적인 도덕 위에 기초하며 산다. 그렇다면, 우리는, 니체가 말하는 그 위선을 어떻게 받아들여야 할 것인가? 어디까지 '위선'을 거부할 것인가? 이것이 니체를 따르는 자가 감당해야 할 가장 큰 어려운 점이다. 나는 이에 대한 해결책으로 니체가 주장하는 관점주의적 태도를 따른다. 이른바 상대주의적 해석 방법이다. 절대적인 진리는 있을 수 없다는 것, 각자 자기의 눈에 맞게 도출된 의견과 해석이 존중되어야 한다는 입장을 견지하고자 하는 것이다. 니체의 생각을 받아들인 뒤 선과 악을 가르는 내 자신의 관점을 새로운 나의 기준으로 삼자는 것이다. 그 기준은 역사적 상황과 맥락에 따라 달라질 수밖에 없으니, 민주주의를 대체할 수 있는 어떤 체계가 나오지 않는 현 시점에서 일단 민주주의 체제를 인정한다. 하지만, 악의 뿌리를 뽑아내고 처벌하는 것, 그에 대해 보복하는 것이 관용하고 자비를 베푸는 것보다 더 민주주의를 발전시키는 것이라고 보기 때문이다. 민주화와 '광주'를 능멸하는 자는 끝까지 찾아내 용서하지 않는 것이 니체를 따르는 길이라고 나는, 믿는다. 그런 점에서 전두환, 윤석열 같은 혹은 영화 「밀양」에 나오는 그 강간범 같은 사회의 악에 대한 관용은 결단코 반대할 것이다.

32. 행복

그대들이 세계라고 부르는 것, 그것은 우선 그대들에 의해 창조되어야 한다. 이 세계는 그대들의 이성, 그대들의 심상(心像), 그대들의 의지, 그대들의 사랑 안에서 만들어져야 한다! 그대들 인식하는 자들이여, 그러면 그대들은 그대들의 행복에 도달하게 되리라!

그대들 인식하는 자들이여, 이러한 희망도 없으면서 어떻게 삶을 참고 견디려 하는가? 도저히 파악할 수 없는 것 속에서, 비이성적인 것 속에서 그대들이 태어나야 할 까닭은 없는 것이다.

　　　　　——『차라투스트라는 이렇게 말했다』, 행복의 섬에서

평화에 소극적인 것이 있고 적극적인 것이 있다면 행복에는 짧은 것과 긴 것이 있을 것 같다. 긴 기간의 행복이라 하면 오랜 부부생활에서 나오는 것과 같이 규정하기 어려운 오묘한 상태, 종교적 깨달음, 깊은 학문의 경지 등에 도달하는 것이 아닐까 싶

© 부산 광안동, 2018

행복하지 않은 건,
행복하지 않아서가 아니고
행복하게 하지 않아서다.

고, 짧은 기간의 즐거움이라 하면 그 경지에 이르기까지의 여러 갈등과 위기를 아직 겪지 않은 상태에서 거머쥔 쾌감, 짜릿함 같은 것이 아닐까 싶다. 둘의 공통점을 군이 들자면, 여러 종류의 갈등에서 이겨 얻은 마음의 평정 상태가 아닐까. 그렇다면, 결국 행복 혹은 즐거움의 토대는 어려움 혹은 고통이 된다. 그것이 사랑의 갈등이든, 육체적 싸움이든, 스포츠 경기든, 기업 간의 경쟁이든, 입시든 간에 누구든 그것을 이겨내고 난 후에라야 그 행복 혹은 즐거움을 맛볼 수 있다. 그러니 고통이 없이 행복은 있을 수 없고, 고통은 죽음이 삶의 원천이듯, 행복의 원천이 된다. 니체가 고통을 긍정적으로 받아들이는 이유가 바로 여기에 있다.

—

  니체는 특유의 일원론 안에서 행복이란 자연성과 감각성, 그리고 이성 속에서 오랫동안 투쟁한 끝에 자유로워지고 그 무엇에도 매여 있지 않으며 때때로 완전히 풀어져 생기가 넘치고 자신을 속박하고 있는 것까지도 임의로 다스릴 수 있는 어떤 정신에 대한 하나의 기호라고 했다. 니체의 언명을 통해서는 물론이고, 우리 경험을 통해서도 잘 알 수 있듯, 즐거움이란 학문이나 기술처럼 배울 수 있는 것이 아니다. 정치나 비즈니스처럼 경험하면서 배우는 것도 아니고 일정 부분 조건을 채워야 하는 것도 아니다. 오로지 하나 반드시 있어야 하는 것은 뭔가를 극복해 내야 한다는 것이다.

　이를 두고 대부분의 종교에서는 인간의 본능을 제어함으로써 원초적 즐거움을 극복해야 제대로 된 기쁨, 환희, 법열(法悅)을 얻을 수 있다고 한다. 소위 금욕이라는 것인데, 전형적인 이열치열의 논리에 따른 것이다. 그런데 그러한 상태는 세상 속에 사는 우리 같은 범인으로선 도달하기가 참으로 어렵다. 붓다와 같이 세상 삶 모두 다 버리고 세상 밖으로 나아가 평생 금욕과 정진을 통해 끊임없이 노력을 한다면 모를까, 우리같이 평범한 일상을 사는 사람들은 시도조차 할 수 없다. 그런데, 나는, 그 궁극의 기쁨, 환희, 법열이 삶을 포기하는 데서 나오는 것이라면 굳이 그런 즐거움을 만끽하고 싶지는 않다. 니체의 주장에 동의 여부를 떠나 그런 경지라는 게 현실 밖에 있다면 나로선 관심을 가질 이유가 없어서다.

　그렇다면 이번엔 금욕과 반대의 방향에서 생각해 보자. 사회에서 여러 사람들이 성취한 것들을 좇아 따라가는 방법이다. 궁

극적으로 누구나 잘 알 듯이 행복이란 자기 스스로 쟁취하는 것이다. 누구에 의해 주어지는 것도 아니지만 어떤 사람이 경험하여 도달했다 해서 그것이 교본이 될 수는 없다. 누구든 '행복에 이르는 길'이라는 주제로 강연을 하고, 그에 대한 지침을 내리고, 그에 따라 함께 그 길을 가려는 동지들을 규합하는 짓을 한다면, 그것은 어리석은 길이다. 그 길로 가기 위한 공통의 조건을 마련해보는 것이겠지만, 그것은 이미 하나의 목적으로 작동하기 때문에 여럿이 함께할 수 있는 여지가 마련될 수 없다. 뜻을 같이 한 후 규율을 만들고, 지침을 만들고, 권고라는 이름으로 제약이 만들어지면 그건 상대에 대한 관여가 되거나 그것을 넘어 강제가 된다. 개인에게서 어떤 행복에 이르는 길은 오롯이 자신의 고유한 법칙들에서 솟아나오는 것이어야 한다. 여기에 외부에서—그것이 가문의 전통이든, 공동체의 규정이든, 부모의 사랑이든, 종교나 도덕이나 이념이든—만들어진 그 어떤 가치가 끼어들 여지는 없어야 한다.

—

이러한 행복과 관련하여 행복을 소비하는 것에 대해서도 생각해 보자. 주로 타인을 모델로 삼아 그를 따라 가는 것이 행복으로 가는 길이라는 사고방식이다. 몇 년 전에 안철수라는 한 성공한 기업인이면서 비교적 모범적인 삶을 살아온 사람이 그의 삶의 이력과는 아무런 관계 없는 정치에서 느닷없는 회오리바람을 일으킨 적이 있다. 저 사람의 길을 좇아가면 우리 아이도 저 사람같이 되겠지, 저 얼마나 행복한 길인가? 공부 잘하고, 돈 많고, 의사에 대학교수에 컴퓨터 과학자에 기업 CEO에, 무엇 하나 갖추지 못한 게 없는 그를 지지하는 것으로 행복을 향한 길에 들어섰다고 생각하는 사람들이 정치적으로 그를 한껏 치켜 올리는 현상이 그야말로 회오리바람처럼 일었다. 그런데 냉정하게 생각해 보면, 저 사람이 가는 길과 나 혹은 내 자식이나 가족이 가는 길은 전적으로 다르다. 저 사람의 길은 저 사람의 길일 뿐, 내 아이의 길과는 아무런 관계가 없다는 너무나 평범한 생각을 하지 못하고 그를 지지하고 소비하는 어처구니없는 결과를 만들어낸다. 행복을 추구하는 길에 어떻게 보편의 길이 있겠는가? 우리나라가 세계 최고의 자살 공화국인 이유 중 하나가 그런 보편적 행복의 소비에 있다. 그 보편 수준은 갈수록 상향 조정되고, 그에 못 미치는 자신은 정신적으로 나락에 빠지고, 자기 자신의 존재감은 없어지고 그러면서 자살하는 것이다.

이런 어처구니없는 현상은 왜 생기는 것일까? 니체대로 풀어

보자면 삶을 헤쳐 나가면서 살기 위한 힘을 만들어 내지 못하기 때문이다. 그 힘은 자연스러운 본능으로부터 나와야 하고, 그 자연스러움은 개체의 독립성에 달려 있는 것이어야 하는데, 사람들은 그 힘을 제어하는 데 행복을 걸 뿐이다. 이유가 어떻든지 간에, 일에 몰두하는 사람, 형식을 갖추지 않으면 불안해지는 사람, 진보를 위해 나와 가족을 모두 희생한 사람, 돈을 벌어야 했고, 직장에서 성공을 해야 하는 사람, 모든 사람에게 인정받고 싶은 사람, 자신을 돌아봄은 없고 일과 성과로만 만족하는 사람, 대중의 평판만 있는 사람, 말하고 싶은 것을 억제하고 살 수밖에 없었던 사람, 감당할 수 없는 감정조차도 내뱉을 수 없이 살아온 사람……. 그런 삶 안에서 힘이란 있을 수 없다. 다만, 있다면 파괴의 에너지다. 파괴의 에너지는 스스로를 제어하는 데 쓰이고 그로 인해 자존감은 사라진다. 자존감이 사라진 자리에서 행복이 피어날 수는 없다. 그것으로는 절대로 행복할 수는 없으니, 그것은 우리가 사람이기 때문이다.

33. 사랑

나를 버리고 그대들 자신을 찾도록 하라. 그리하여 그대
들 모두가 나를 부정하게 된다면, 그때 내가 다시 그대들
에게 돌아오리라.

참으로, 형제들이여, 그때가 오면 나는 다른 눈으로 내가
잃은 자들을 찾으리라. 또 다른 사랑으로 그대들을 사랑
하리라.

언젠가 그대들은 나의 벗이 되어야 하며, '하나의' 희망
을 품은 아이들이 되어야 하리라. 그러면 나는 세 번째로
그대들과 함께 하면서 위대한 정오를 축복하리라.

──『차라투스트라는 이렇게 말했다』, 베푸는 덕에 대하여

철학자로서 니체는 어떤 사람을 어떻게 사랑하는 것이 좋은
지, 어떤 사랑을 해서는 안 되는지에 대해 무슨 말을 했을까? 니
체는 가장 가치 있는 사랑이 친구 간의 우정이라 했다. 그가 지어
낸 이야기 속 주인공 차라투스트라는 많은 벗을 만나고자 했지

분명한 것이 아니고, 벗겨내야 하는 것이 사랑이다.
황혼이 아닌 새벽 놀을 향해 가는 것이 사랑이다.
하나 되는 것이 아니고 함께 가는 것이 사랑이다.

© 부산 괘법동, 2018

만, 그러지 못했다. '나'와 그 '나' 안에 있는 또 다른 '나' 사이의 대화가 물속 깊이 가라앉지 못하도록 막는 코르크 같은 역할을 하는 벗을 만들고자 했으나 실패한 것이다. 벗과의 우정을 통해 그가 가지고 있던 속으로, 속으로 자꾸 침잠해져만 가는 스스로의 인간적 한계를 극복하고자 하였는데, 결국 실패하고 만다. 그들은 자신이 원하는 바대로 차라투스트라와의 우정을 맺고 싶지 않았기 때문이다. 그들은 사랑에 예속된 노예가 되거나 사랑으로 모든 것을 휘두르는 폭군이 되거나 그를 숭배하는 신도가 되거나 하면서 살고 싶었기 때문이다. 이런 사랑은 바람직한 것이 아니라서 니체가 설정한 차라투스트라는 그들을 떠난 것이다.

니체는 특히 여성과의 사랑이 그렇다고 봤다. 니체는 여인의 가슴속에는 너무도 오랫동안 노예와 폭군이 숨어 있어서 여성은 우정을 나눌 줄 모른다고 했다. 그들은 사랑을 알 뿐, 벗을 사귈 수 없다고 했다. 니체는 사랑이란 본질적으로 이기적인 것에서 시작하는 것일 뿐, 이타적인 것이 될 수 없다고 했는데, 특히 여성과의 사랑을 두고 한 말이다. 여성들이 하는 그 사랑이란 이기적인 소유욕 즉 상대방을 자기와 똑같이 만들려는 욕망이라는 것이다. 그래서 니체는 우리가 알고 있는 대부분의 사랑, 그것이 남녀

간의 사랑이든 부모 자식 간의 사랑이든 간에, 흔히 하는 그런 사랑은 제대로 된 의미의 사랑이 아니라고 하는 것이다. 사랑에 대해 이런 관점을 가지고 있었으니, 그가 여인과의 사랑에 성공할 수 없었을 것이다. 실제로 자신의 삶 속에서 니체는 여성과의 사랑에 실패했다. 그는 루 살로메와의 사랑을 시도하였으나, 제대로 해보지 못하고 스스로 그로부터 철수했다.

—

니체는 이러한 사랑에 관한 관점을 가지고 기존의 철학자들을 비판했다. 철학자들이 지혜를 사랑하지 않는다는 것이다. 그들은 진리를 소유하려고 할 뿐 그것을 힘으로 휘두르는 것을 통해 모든 사람을 그 틀에 똑같이 맞추려고 한다. 철학자들은 그 지혜와 개체로서 각각의 독립적 관계를 맺으려 하지 않는다고 본 것이다. 남자와 여자가 벗으로서 우정 관계를 유지하는 것과 같은 것이 철학인데, 그들은 이러한 벗과 같은 철학을 하지 않고, 상대를 소유하고 자기와 동질화를 시키려고 하는 사랑의 관계를 가지려 할 뿐임을 비판하는 것이다. 사실 니체는 지혜 즉 진리라는 것 자체를 부인하였다. 그가 관심을 가진 것은 무엇이 진리인지가 아닌 진리라고 하는 것들을 어떻게 볼 것인가에 대한 것이다. 니체는 철학자들이 특정한 관점으로, 예컨대 정상인의 관점 혹은 남성의 관점 혹은 시민의 관점 혹은 평균이라는 이름으로 대중화된 관점으로 어떤 것을 진리라고 재단하고 나아가 그것을 숭배하고, 그것을 기준으로 하여 그와 다른 것은 진리가 아니거나 그것을 넘어 거짓이라고 처단하는 폭력을 휘두른다고 비판한다. 그들이 규정하는 진리는 독단이라는 것인데, 그것이 마치 사랑이라는 것과 같다는 것이다. 니체는 사랑을 기본적으로 상대를 강요하는 것이라 보았는데 그 태도는 철학자들이 이성이라는 것을 휘두르면서 자신의 관점을 강요하는 것과 같다고 보았다. 여기에서 철학자는 폭군처럼 이성을 사용하고 현실에서 벗어난 관념을 강요하는데, 그를 따르는 사람들은 그 철학자와 철학을 신앙으로 숭배하고 따르면서 자기 주체성을 상실한다는 것이다. 영락없이 사랑에 빠진 사람들이다. 니체에 의하면, 사랑은 상대와 나를 동일한 주체로 만드는 일, 독립적인 개체로 서지 않기를 강요하는 것이다. 사랑 안에서 서로 예속 되어 한 편으로는 폭군이 되고 또 다른 편으로는 노예가 되는 것이다.

———

　　니체의 관점을 우리가 사는 현실로 가지고 와서 실천해 보면 그의 사랑에 대한 관점을 다 받아들이기는 매우 어렵다. 그의 사랑에 대한 관점은 기본적으로 지혜 혹은 진리에 대한 관계로 연결되는 문제인 반면, 우리가 추구하는 사랑은 좀 더 자연스러운 사람과의 관계의 문제이기 때문이다. 다만, 니체의 사랑에 대한 관점에서 취할 것은 분명히 있다. 바로 그 가운데 으뜸은 사랑은 예속적이어서는 안 되고 독립적이어야 한다는 것, 아닐까? 독립이란 상대방과의 관계에서 비롯된 것이기도 하지만 전통으로 내려오는 어떤 틀에 관한 것이기도 하다. 남성이 사랑하는 여성에게 '여자는 모름지기' 이래야 하거나 저래야 한다, 라는 말, 그것도 당신을 사랑하기 때문에 그렇다는 말 같은 것들이 전통으로 내려오는 강요된 도덕이다. 종교도 마찬가지고, 어떤 종류의 시스템이나 공동체의 질서 같은 틀도 마찬가지다. 좀 더 확장에서 말하자면 이성 중심의 규정, 정의와 같은 판단이나 목적에 의한 것도 마찬가지다. 자기가 가지고 있거나 금과옥조로 따르고 지키는 것을 상대에게 강요하는 그러면서 그 안에서 같아지기를 바라는 것 그것이 바로 니체가 말하는 노예와 폭군의 관계로서의 사랑이다.

—

　부모가 자식에게 모든 것을 다 바치고 희생하는 헌신으로서의 사랑도 마찬가지다. 자신은 헐벗고, 굶더라도 그것을 아껴 아들에게 다 바치고 그 와중에 딸이라는 이유로 누나는 상급학교에 진학하지도 못한 채 직장에 뛰어들어 남동생의 고등고시 합격을 위해 모든 것을 희생한 슬프고 아름다운 이야기는 우리 세대가 지나온 길에는 숱하게 깔려 있다. 그러한 아름다운 가족 이야기는 항상 슬픈 이야기로 끝난 것만 보았다. 멀리 찾을 것도 없다. 내 어머니와 외삼촌 그리고 외할머니가 그런 인생을 살았다. 그들의 인생은 말로 형용할 수 없는 슬프고 슬픈 가족사다. 아름답지만 슬픈 가족사는 이제 일어나지 않는다. 그러나 더 큰 비극으로 우리에게 와 있다. 희생과 헌신의 자리에 돈과 권력이 들어섰다. 그 안에서 인간의 본질은 망각된다. 모든 사람이 다 그렇게 산다. 대중과의 일치감 속에서 개체로서 독립된 사랑은 없고, 돈과 권력으로 평준화되면서 규격화된다. 개인이 갖는 감성은 무가치한 것으로 치부하여 오로지 부모가 강요하는 '너 잘 되라고' 시키는 이성으로 판단한 목적 아래에서 인간은 소외되고, 서서히 죽어간다.

———

이런 풍경을 한번 생각해 보자. 고구마 구운 것을 아내가 손이 데일 정도로 호호 불어가며 껍질을 깐다. 그것을 남편은 쳐다보고 있고. 그 깐 고구마 알맹이를 남편에게 준다. 순간 그 모습을 본 딸이 한 마디 한다. 엄마는 왜 아빠한테 그렇게 굴종적으로

해? 그 순간, 남편이 숟가락으로 고구마를 반으로 잘라 아내 입에 넣어준다. 그리고 일어서서 가서 마실 물도 떠다 준다. 부부는 사랑에 만족해하는 데 반해 쳐다보는 젊은 딸은 무언가 불만이 차 있다. 남과 여를 역사적으로 해석해 적대 관계로 보아서다. 사랑은 본질적으로 자연의 일부인데…….

나가며: 어떻게 살 것인가?

　영화 이야기로 시작했으니, 영화 이야기로 글을 마치는 것도 재미있겠다 싶어, 많이들 본 영화 하나 꺼내 이야기해 보자. 한국에서는 「반지의 제왕」이라고 알려진 세 편이 하나의 시리즈로 된 그 영화. 1차 세계대전을 겪으면서 인간과 역사에 대해 많은 고민을 하고 난 뒤 2차 세계대전이 끝나고 몇 년이 지난 뒤에 책 집필을 완료하고 출판을 했다는데, 니체의 흔적이 많이 보인다. 영화를 보는 내내, 그런 생각이 들었다. 특히 마지막 끝 부분에서 생각이 확고하게 굳었다. 니체 철학이 짙게 깔려 있다는 생각이다.

—

주인공 프로도 배긴스(Frodo Baggins)는 난장이 호빗족에 속하는 절반만 사람인 존재다. 특출난 혈통도 아니고 사회적으로 뛰어난 존재와는 거리가 먼 사람이라는 의미다. 그저 그런 평범한 존재가 절대 반지를 파괴해야 하는 절체절명의 과업을 수행한다. 그것도 본인의 의지와 관계없이 부여받았는데, 프로도는 운명을 거절하지 않고 순순하게 받아들였다. 그것이 아무나 할 수 없는 고통을 극복하고 과업을 완수하게 만든 힘임을 보여준다. 그가 이룬 과업은 영어로 'One', 한국어로는 '절대'라고 번역이 된 반지다. 모든 악의 역사가 그 절대 반지로부터 기원하니 반드시 폐기해야 할 대상이다.

—

나는 그것을 니체가 말하는 '절대성'이라고 봤다. 개체가 주체적으로 달리 해석할 수 있는 것이 아니고, 누군가에 의해 정해져서 대대로 내려오는, 그 위에서 누구나 그 권위와 권력에 굴복하여 숭배하는 절대성 말이다. 니체는 그것을 종교로 보았는데, 그 안에는 전통, 관습, 이념, 이성, 과학, 체계, 제도 등으로 만들어진 이분법의 세계가 포함되는 것이다. 니체는 옳고 그름으로 규정하고, 다수가 지지하며, 정상이라는 이름으로 그것과 다름을 억압하고 심지어는 광기로 몰아가면서 죽이려고 하는 절대의 원천을 파괴해야 함을 역설했다. 달리 보면 합리와 효율로 응축되는 근대성이기도 하다. 영화에서는 주인공 프로도가 절대 반지를 파괴하자 그것을 토대로 세워진 모든 것이 다 허물어진다. 그리고 평화의 시대가 도래한다. 이를 통해 우리는 미래란 저절로 다가오는 것이 아니고 의지로 다가가 지금 여기로 당겨 오는 것임을 알 수 있다. 전형적인 니체의 세계관이다. 미래는 멀리 있는 것이 지금 여기로 다시 회귀하여 오는 것이다. 주어진 운명을 받아들이고, 힘에 의지하여, 고통을 극복하면서 나아가는 현재 안에 다가오는 미래가 있을 뿐이다. 그 현실이 바로 삶의 냉정한 기준이어야 한다.

───

　과거 특히 진보의 길을 걸었던 사람일수록 그래야 한다. 과거에 자신이 가진 이론과 인식의 틀에 맞춰 길을 걸었지만, 이제 겪어 보니 그것이 현실과 맞지 않으면 삶을 위할 것이냐 이상을 위할 것이냐를 먼저 생각해야 하고, 전자라면 이론과 인식의 틀을 현실에 맞게 바꿔야 한다. 그런데 많은 사람들이 현실을 늘리거나 줄인다. 아니 여전히 자신이 설정한 그리고 실패한 목표와 이상에 맞춰 현실을 비틀어 버린다. 결국, 철저한 자기 방어로 현실을 맞추어 가는 셈이다. 그래서 더욱 그들의 삶이 허무하다. 현실을 직시하고 도래하는 미래를 힘으로 가져와야 평화가 온다. 니체가 말하는 그 평화는 어느 한 쪽이 모든 것을 지배하는 상태가 아니다. 영화에서 호빗이든, 난장이든, 인간이든 그것이 무엇이든 간에 다 함께 사는 상태로 나타난다.

———

나는 니체의 철학을 연구하는 학자가 아니다. 그의 사상이 학문적으로 어떻게 분석되고 논증되는지, 현실과 비추어 볼 때 어떤 함의가 있는지에 대해서까지는 잘 알지 못하고 내가 해야 할 일도 아니다. 그의 사상이 봉건적이고, 반(反)민주적이고, 신분제를 옹호하며 심지어는 파시스트 지배를 옹호하는 혹은 옹호하는 것으로 악용되는 것이라고 해석하는 주장들이 있는 것은 안다. 그의 핵심 개념인 '영원회귀'나 '위버멘쉬'가 과연 지금의 우리 시대와 맞는 것이냐는 주장도 만만치 않게 있다. 물론 그런 주장들을 전적으로 부인하고 반박하는 해석도 여전히 많다. 이런 틈바구니에 내가 끼어드는 일은 없다. 전문가가 아니라서 어리석은 것을 넘어 무책임하기까지 한 일이기 때문이다. 그래서 학문적으로 그의 철학을 평가하지는 않았다. 다만, 내가 여기에서 한 일은 그가 남긴 수많은 아포리즘으로 구성된 새로운 형식의 철학을 그가 원한 바에 따라 내 방식으로 해석해 보는 것이다. 예컨대, 나는 그의 가장 중요한 개념인 '영원회귀'를 역사적 개념이 아닌 철학적 개념으로 해석한 주장을 따른다. 나는 그 개념을 해석의 원(原) 공간으로 삼아 현재와 미래의 관계를 내 방식으로 해석하였다. 그러니 미래란 우리가 다가서기 나름이고, 그래서 영원이란 것도 '지금, 여기'의 현실일 뿐이라고 해석했다. 불교에서 붓다가 말하는 것을 그 제자가 '나는 이렇게 들었다'라고 말하면서 그의 가르침을 시작하듯, 내가 니체를 말하는 것도 '나는 이렇게 해석한다'는 것, 바로 그뿐이다.

———

위버멘쉬의 경우도 마찬가지로 해석했다. 흔히 초인이라 번역하는 전문가도 있고, 그것보다는 '극복하려는 자'로 번역하는 전문가도 있다. 나는 그를 '극복하려는 자'로 해석한 것을 따랐고 나의 맥락에서 해석하였다. 결국 나는 위버멘쉬란 정치적으로 뛰어난 지도자나, 동서양의 다양한 신화에 나오는 영웅일 수도 있고, 자신에게 주어진 고난과 역경의 운명을 거역하지 않고, 그것을 긍정적으로 받아 안고서 끝없이 극복해가는, 사회에서 눈에 띄지 않는 어떤 미미한 존재로 해석할 수도 있다. 나는 후자를 따랐다. 그러니 위버멘쉬를 높이 평가하는 것은 정치의 문제도 아니고 사회의 문제도 아니다. 인간이라는 어떤 개인 존재가 어떻게 실존해야 하는지 보여주는 것일 뿐이다. 그가 겪고 극복해야 하는 일이 나라의 독립이나 민족의 해방 혹은 노동해방의 세상일 수도 있지만, 가족을 잘 이끌어가는 막내딸이 하는 소소한 일일 수도 있고, 선생님과 함께 인간적인 교실을 만들어가는 중2 남자아이가 하는 작은 일일 수도 있다. 위버멘쉬는 스포츠맨일 수도, 연예인일 수도, NGO 활동가일 수도 있다. 그 태생이 어떻든 간에, 왜 나에게 이런 막중한 과업이 주어졌는지를 불만하지 않고, 묵묵히 받아들이며 고통을 넘어 앞으로 나아가는 사람이면 누구나 다 위버멘쉬라고 해석하였다.

—

어떻게 살 것인가? 니체를 가슴에 품고, 니체의 눈으로, 살아가고자 하면 구체적으로 어떻게 살아야 하는가? 이 문제가 글을 쓰는 나나 책을 읽는 독자들이나 모두 가장 풀어내보고 싶은 과제일 것이다. 이에 관해 나는 니체가 가장 중요시한 관점주의에 대한 동의로부터 출발하였다. 그 관점이란 마치 나의 전공인 인도 고대사에서 세계를 바라보는 눈을 의미하는 다르샤나(Darshana)와 동일한 것이라서 나로선 아주 익숙하게 출발할 수 있었다. 인도 연구에서 다르샤나는 철학이나 미학의 문제이지만, 결국 역사학 특히 역사 기술과 관련된 중요한 문제를 제기하기도 한다. 그래서 그 관점 혹은 다르샤나에 관한 논쟁은 전적으로 우리가 하는 학문의 문제에 가깝다. 그것이 역사학의 문제든 철학의 문제든 봉건이든 민주든 그런 문제에 빠지는 것은 학자들이 즐기는 것으로 사실, 현실의 곁다리에 불과한 문제일 뿐이다. 그래서 학문을 하는 것이 아니니만큼, 이 자리에선 그런 논쟁에 개입을 하지 않았다.

> 참된 것, 진실한 것, 무아적인 것에 귀속될 수 있는 모든 가치에도 불구하고, 모든 생명을 위한 더 높고 근본적인 가치는 가상에, 기만에의 의지에, 이기심에, 욕망에 있다고 생각해야만 한다는 것은 가능할 것이다. 뿐만 아니라 또한 저 훌륭하고 존중할 만한 사물의 가치를 만드는 것이 바로 겉보기에 대립되는 저 나쁜 사물과 위험할 정도로 유사하고, 또 연관되어 있으며, 단단히 연계되어 있고, 어쩌면 본질적으로 동일한 것일 수도 있다는 것도 가능할 것이다. 아마도 그럴 것이다! 그러나 이러한 위험스러운 '아마도'에 마음을 쓰는 의지의 주체는 누구란 말인가!
> ─『도덕의 계보』, 2

———

　지나온 삶을 돌이켜 보자. 어쩌면 지금 이후 미래까지 그 시간들을 내 힘으로 다가오게 할 수 있을 단초를 찾을 수 있을지 모른다. 지난 60여 년을 돌이켜 보면, 무엇을 할 것인가에 대한 고민과 노력을 많이 했다. 한때는 교회를 다녔다. 그때는 구원을 해주신 가없는 주님의 은혜를 찬양했고, 한때는 진보 정치 운동에 열심을 다하면서 살았다. 또 한때는 출중한 연구 업적을 가진 교수가 되고자 논문 생산에 모든 힘을 다해 정진하였다. 모두 무언가 어떤 것을 이루기 위해 정해진 목적을 향해 돌진해 살아온 날들이었다. 그러던 어느 날 어떤 정해진 틀 안에 사로 잡혀 있는 나를 보게 되었다. 틀은 수시로 바뀌지만 여전히 또 틀 속에 갇혀 있었다. 틀을 깨지 못하는 건 스스로 힘을 갖지 못해서였다. 힘을 기르지 못한 상태에서 늘 새로운 생각만 하니 공염불일 수밖에 없고, 다시 그 자리에 자석에 쇠붙이 붙듯 붙어버렸다. 개구리의 눈은 벗어났지만, 다음 단계인 힘을 기르지 못해서 종국에 변화를 가져오지 못한 것이다.

———

　새로운 관점으로 보는 것은 필요조건이다. 이것이 충분조건으로 되려면 힘이 수반돼야 한다. 작은 인연의 관계로부터 더 큰 조직에 이르기까지 그것이 목적이든 목표든, 합리든 공감이든, 공동체든 조직이든, 이타주의든 진보든 간에 모두 나를 틀에 가두는 것에 대해서는 비판하고 저항하고 그리고 종국에 가서는 그 틀에서 벗어나 스스로 홀로 설 수 있도록 만드는 힘 말이다. 가족 내에서도 마찬가지다. 서로간의 연과 끈으로 묶여 있는 것은 바람직하지 못하다. 주체적인 사랑이 있어야 한다. 사랑이라는 이름의 강요, 틀 안에서의 관계, 과거의 공유, 그런 것들은 가족을 빙자한 억압이다. 피와 공동체의 관계를 넘어서는 실천을 할 때, 그 너머로 가는 과정에서 힘이 나온다. 그 힘을 쌓아가면서 천천히 하나씩 자연스럽게 싸워나가야만 실존 인간으로 설 수 있다. 살아보니 그 싸움 가운데 가장 어려운 상대는 가족이더라. 니체의 눈으로 이 세계를 보는 공부를 하기 시작한 것은 가족 안에서부터 나를 세우는 것이 되리라 기대하고, 나아가 가족으로부터 시작해 그 밖의 더 많은 여러 관계들로부터 나를 돌아보는 일을 하고자 해서였다. 책을 쓰는 것은 나를 돌아봄이다.

인용문 출처

/

* 본문에 인용된 니체의 저작 번역본은 다음 텍스트에서 발췌하였다.

/

『바그너의 경우 · 우상의 황혼 · 안티크리스트 · 이 사람을 보라 · 디오니소스 송가 · 니체 대 바그너』, 프리드리히 니체 지음, 백승영 옮김, 책세상, 2002.

『비극의 탄생/즐거운 지식』, 프리드리히 니체 지음, 곽복록 옮김, 동서문화사, 2016.

『서광』, 프리드리히 니체 지음, 이필렬 · 임수길 옮김, 청하, 1983.

『선악의 저편 · 도덕의 계보』, 프리드리히 니체 지음, 김정현 옮김, 책세상, 2002.

『안티크리스트』, 프리드리히 니체 지음, 박찬국 옮김, 아카넷, 2013.

『인간적인 너무나 인간적인』, 프리드리히 니체 지음, 한기찬 옮김, 청하, 1983.

『차라투스트라는 이렇게 말했다』, 프리드리히 니체 지음, 장희창 옮김, 민음사, 2004.

니체의 눈으로 보라

1판 1쇄 발행 2021년 9월 25일

지은이 | 이광수
펴낸이 | 조영남
펴낸곳 | 알렙

출판등록 | 2009년 11월 19일 제313-2010-132호
주소 | 경기도 고양시 일산서구 중앙로1455 대우시티프라자715호

전자우편 | alephbook@naver.com
전화 | 031-913-2018
팩스 | 031-913-2019

ISBN 979-11-89333-50-8 03100